U0475240

Creative Designing of Film and TV Advertisement in Micro Era

湖北省教育厅人文社会科学研究指导性项目：15G199

"微时代"
语境下影视广告创意与设计

姜 娜 编著

武汉理工大学出版社
Wuhan University of Technology Press

图书在版编目（CIP）数据

"微时代"语境下影视广告创意与设计／姜娜编著．—武汉：武汉理工大学出版社，2018.12
ISBN 978-7-5629-5711-9

Ⅰ．①微… Ⅱ．①姜… Ⅲ．①影视广告－广告设计 Ⅳ．①F713.851

中国版本图书馆 CIP 数据核字（2018）第 328316 号

项目负责人：杨　涛
责任编辑：杨　涛　姚　飞
责任校对：雷　芳
装帧设计：陈　希
出版发行：武汉理工大学出版社
社　　址：武汉市洪山区珞狮路 122 号
邮　　编：430070
网　　址：http://www.wutp.com.cn
经　　销：各地新华书店
印　　刷：武汉中远印务有限公司
开　　本：880×1230　1/16
印　　张：16.75
字　　数：320 千字
版　　次：2018 年 12 月第 1 版
印　　次：2018 年 12 月第 1 次印刷
定　　价：98.00 元

凡购本书，如有缺页、倒页、脱页等印装质量问题，请向出版社市场营销中心调换。
本社购书热线电话：027-87515778　87515848　87785758　87165708（传真）

·版权所有　盗版必究·

前 言

随着互联网的高速发展，我们已经迈进数字化、网络化的新纪元。在这样的时代背景下，以互联网为主要代表的新媒体不仅促进了经济的发展，更对人们的生活方式以及生活习惯产生了巨大的影响。人们进入了一个以"微博""微信""微游戏"为主要代表的"微时代"。在"微时代"的背景下和"碎片化"的信息传播语境中，微电影广告凭借强大的互联网传播平台和优越的表现形式，成为备受业界关注的广告营销新阵地。从技术层面来讲，互联网高科技的发展为网络广告新形式提供了坚实的技术与传播基础；从受众角度而言，长期浸染在网络视觉盛宴中的人们已无法再满足于传统广告的单一呆板。由此可见，微电影广告这种集新媒体、电影艺术与营销手段为一体的广告形式必然成为一种趋势。

本书针对湖北省教育厅人文社会科学研究课题"基于'微时代'语境下的微电影的广告创意研究"展开研讨，从影视广告的创意方法、镜头语言表现方法、镜头组接的方法、色彩语言的设计方法、微电影广告的创意设计等方面全面地探讨"微时代"的语境下微电影广告的创意与设计。书中第7章中部分案例来自于武昌首义学院艺术设计学院视觉传达专业"数字媒体设计"的课程作业及毕业生的设计作品。在此，向各位参与项目和提供资料的学生表示感谢。本书可以作为影视广告设计爱好者和广告专业人员的入门学习辅导书。书中列举了大量的影视广告案例，不足之处，敬请谅解。

姜　娜

2018年6月

目录

001/022　第一章　"微时代"语境下的影视广告设计

023/042　第二章　"微时代"语境下影视广告的创意方法

043/059　第三章　"微时代"语境下影视广告的分镜头脚本设计方法

060/071　第四章　"微时代"语境下影视广告的镜头语言表现方法

072/085　第五章　"微时代"语境下影视广告的镜头组接的方法

086/105　第六章　"微时代"语境下影视广告的色彩语言的设计方法

106/228　第七章　影视广告创意解析

229/258　第八章　"微时代"语境下微电影广告创意解析

259/260　参考文献

第一章 "微时代"语境下的影视广告设计

第一节 "微时代"的内涵与特征

一、"微时代"的概念

"微时代"是以微博、微信为传播媒介代表，以信息短小精练为文化传播特征的时代。"微时代"信息的传播速度更快，传播的内容更具冲击力和震撼力。关于"微时代"的界定，学术界有很多不同的观点。

从"微时代"产生的基础方面来看，微博（如图1-1所示的新浪微博）的问世是"微时代"到来的标志之一。微博，也就是一种微型博客，是以用户之间的关系为基础，产生出的信息共享与沟通的平台。微博用户可以运用WAP、WEB或者是各种客户端组建个人的社区，利用图片和较短的文字进行信息编辑，并可以进行即时的分享。在微博中你可以获得最新的讯息，还可以在任何时候发布你认为新鲜的事；从"微时代"的主要传播内容来看，利用微信、微博等相关微平台，可发布微语录、微小说、微公益、微电影、微旅行等内容；从"微时代"的受众方面来看，只要是生活在这个信息时代中的人都可以称之为"微民"。"微民"可以借助微平台做微小的事情，也可以发布自己微小的看法，发出自己微小的声音；从"微时代"传播信息的方式上来看，"微时代"的传播基础主要是信息的数字化，文字、音频、图片、视频等多种形式的信息都可以通过终端设备进行实时、高效、互动的传播。

图1-1 新浪微博

二、"微时代"的特征

第一，信息传播速度快且范围广。由于"微时代"环境下资讯简短，发送方便，使每个人都可以成为信息的传播者，这也就颠覆了以前的信息传播方式。

第二，"微时代"环境下微博、微信等传播平台逐渐成为突发事件传播的舆论中心。据有关部门的权威统计，97%的媒介用户表示会通过微博或微信了解突发事件、大事件的情况与发布个人观点。

第三，"微时代"的传播群体更加年轻化。由于"微时代"下媒介使用方式的特殊性和技术的先进性，在我国使用"微媒介"传播方式的用户年轻化特征明显，在总体用户中有53%为20岁至30岁之间的年轻人。年轻的用户通常具有强烈的好奇心，更愿意探索新事物，"微时代"下的传播方式恰好符合了年轻人快节奏的生活方式。

第四，"微时代"下信息的传播影响力大。无数的小人物利用微行动参与到传播中来，虽然他们个人的声音小但是联合在一起却十分有力，并能很快形成强大的舆论力量。

第五，"微时代"信息的"碎片化"。"碎片化"原意指将具有完整性的东西分成许多个零块。后来在提及海量而缺少关联的信息和提及个性化的市场结构时，均用到这个概念。"微时代"的来临改变了信息的传播方式，也深刻改变了我们当今的文化和生活方式。

第二节 影视广告的概念及特征

一、影视广告的概念

影视广告是非常奏效而且覆盖面较广的广告传播方法之一。影视广告制作具有即时传达远距离信息的媒体特性，即传播上的高精度化。影视广告能使观众自由地发挥对某种商品形象的想象，也能具体而准确地传达吸引顾客的意图。其传播的信息容易成为人的共识并得到强化，造成环境暗示，使得被接受度变高。并且，各个年龄段的人都容易接受这种形式，所以可以说影视广告是覆盖面最大的大众传播形式之一。

影视广告即电影、电视广告片。影视广告的英文简写为"CF"：C（commercial）指商业的，商贸的；F（film）指胶卷，影片，薄膜，膜层。CF从字面上翻译是"商业的影片"，原意指使用电影胶片拍摄的广告片，即电影广告片。其广泛用于企业形象宣传、产品推广，具有广泛的社会接受度。

二、影视广告的类别

影视广告的种类繁多，主要分为：投影广告、现场广告、网络广告和电视广告。

1. 投影广告

投影广告（图1-2）主要是利用照相机将产品信息拍摄下来，然后用电脑制作成幻灯片，主要用于公司内部员工了解产品，以及向客户展示的一种广告类型。它是利用静止的图片加上字幕和音乐，通过投影的形式展现出来。这种广告一般制作周期比较短，比较简单，非专业人士都可以完成，并且有资金少、成本低、播放及时的特点，但缺点是静止的画面使它远远没有动态的广告看上去真实生动。

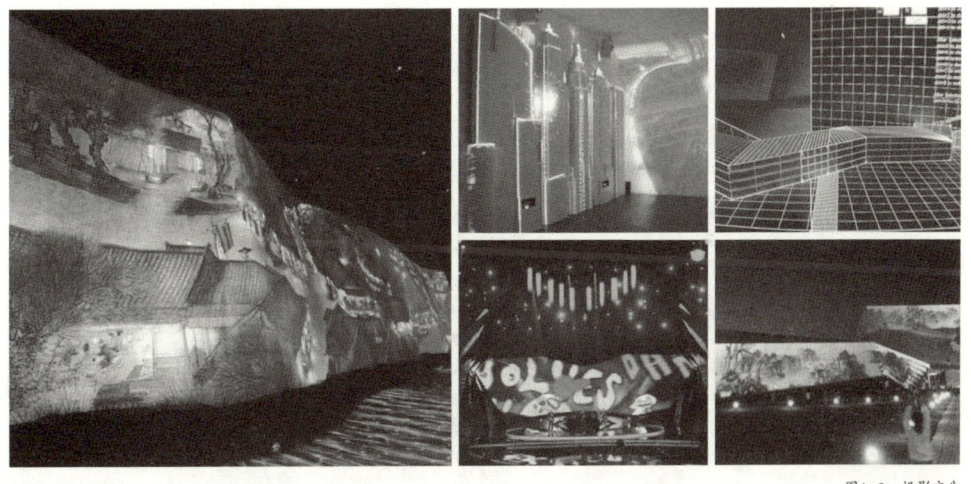

图1-2 投影广告

2. 现场广告

现场广告（图1-3）是在摄影棚或者是转播室等电视节目现场，利用大摇臂加摄像机以及影视直播器材，现场录制的广告。如今现场直播的广告越来越少，因为它没有经过后期制作的广告传播效果好。

图1-3 现场广告

3. 网络广告

网络广告（图1-4）是利用前期拍摄，加上后期制作，输出成视频形式，投放到网络上的广告。这类广告可以充分发挥摄制者的想象力，创造出理想的艺术效果，因为是投放到网络上，针对的受众是网民，摄制者可以用新奇的方式引起网民的兴趣。

图1-4 网络广告

4. 电视广告

电视广告（图1-5）已经成为了一种特殊的文化，虽然中国电视广告的发展良莠不齐，但是发展相当迅速，受众、媒体、商家及广告人应当共同努力，建立一个平等、互利、互动的电视广告发展环境，广告人应当在学习国外先进创作技巧的基础之上，继承本土的传统文化，建立属于这个时代的广告特质，让电视广告逐步走向成熟。

图1-5 电视广告

三、影视广告的特点

影视广告在表现形式上，吸收了装潢、绘画、雕塑、音乐、舞蹈、电影、文学艺术的特点，运用影视艺术形象思维的方法，使商品更富于感染力、号召力。就其自身的性质而言，它是商品信息的传递，但在表现形式上又与其他种类的广告不同，它是以艺术的手段来制作的。因此说，影视广告是利用艺术手法来表现和传递科学信息的。从广告的内涵来看，艺术要赋予其高度的想象力，使其既在情理之中，又在意料之外。但广告片绝不能用荒诞的办法来耍噱头，而是要以策划为主体，创意为中心，先研究商品，研究目标受众，研究受众心理，抓住广告的主题，既要有创意，又要有合适的表现手段。同时，广告宜开门见山。

1. 时效性强

影视广告是以时间为主线进行信息传达，将广告的所有信息放置在时间的流程中展开的，在拍摄中利用机位、镜头、场景的变化产生各种不同的画面，运用蒙太奇的手法，在"时间"这个主轴上，利用镜头画面将"时间"拉长、缩短、叠加，做到"空间"的跳跃、变换，让观者展开无限想象。一则好的影视广告能在极短的时间内抓住观众的眼球，给观众留下深刻的印象。

2. 覆盖面广

跟其他媒体相比，影视广告的覆盖范围非常大。卫星电视和移动网络的发展使影视广告的投放平台更加广阔，受众增多。

3. 感染力强

影视广告能非常形象地展示企业的产品，表达企业的理念，展示企业形象，让受众直观地了解信息，有较强的感染力。

4. 具有一定的娱乐性

影视广告在传达信息的过程当中，还有一种娱乐的成分，让人们在娱乐的过程中来接收信息。

四、影视广告的结构形式

影视广告的结构形式分四类：第一类是以商品形象为主，将其与解说、音乐相结合的结构形式；第二类是以模特演示为主；第三类是以人物、情节为主；第四类是以动画为主。如图1-6至图1-9所示。

图1-6 以商品形象为主

图1-7 以模特演示为主

图1-8 以人物、情节为主

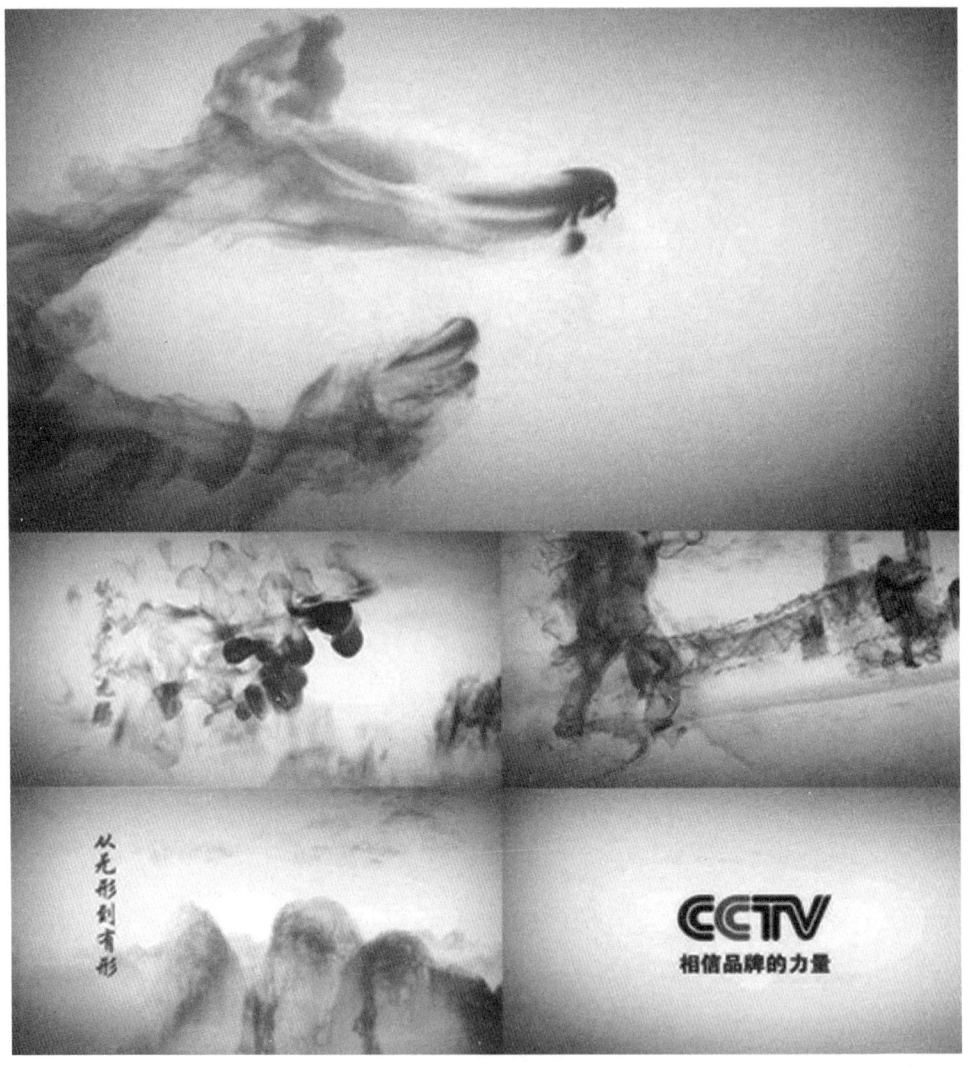

图1-9 以动画为主

五、影视广告的广告语言

影视广告的广告语言包括画面语言要素和声音语言要素。其中，画面语言要素主要包括：摄影造型、美术造型、演员造型、光影造型；声音语言是屏幕上的人物在表达思想和感情时所需要的各种声音，主要的表现形式有：对白、旁白、独白和解说等。

第三节　影视广告的构成要素

在影视广告设计中，最能影响观众体验和感受的四大要素是：视觉要素、文案要素、听觉要素和时间要素。

一、视觉要素

影视广告的图像是影视广告中最重要的组成要素之一。其图像造型表现力和视觉冲击力是影视广告获得理想效果的最强有力的表现手段。这里图像主要是以运动的和定格的两种方式存在。其中运动的图像在视频广告中运用较多，设计师创造商品运动的方法有很多，既可以让商品自身运动起来，也可以用人的行为创造商品的运动，还可以运用光影创造商品运动。

例如：Chanel创意广告（图1-10），其图像的造型主要包括三个方面：摄影造型（光线、色彩、取景等）、美术造型（布景、服装、化妆、道具）和演员造型（外形、

图1-10　Chanel创意广告 截图

动作等）。在这则广告中我们主要看到的元素是一张人脸，以及不断出现的五官特写，强化了化妆品的产品信息，其在相对纯净的背景中反复出现，用构图、光影和色彩的控制很好地诠释了主题，并且有很强的视觉冲击力。

二、文案要素

广告文案是影视广告中的重要元素，在使观众牢牢记住某个广告方面发挥着核心作用。广告文案主要是由影视艺术的"视""听"的基本特征决定的。观众在看电影或电视时，以"看"为主，以"听"为辅。因此，影视广告的文案要为广告的画面服务，把画面与文案的关系处理好，既不能喧宾夺主，又不是可有可无。要声画统一，不要说与画面无关的事，文案与画面的时长搭配恰当。一般来说，影视广告包含着三种不同形式的广告文案，即可视的、可听的和看不到也听不到的。可视的是指以文字的形式出现在画面上的文案，可听的是指所有可以通过耳朵听到的文案，而看不到也听不到的是指广告中的某帧停顿，也就是无声的广告文案。文案要以多种方式包含在影视广告中，当以声音的方式出现时，既可以是画外音，也可以是对白，还可以是独白，甚至没有声音，而是以字幕的形式出现。

例如：舍得酒创意广告（图1-11）中，一句"谁能沉浮之间，叱咤风云，谁能举止

图1-11 舍得酒创意广告 截图

之间,指点江山,舍我其谁,舍得酒——中国白酒之心"的画外音广告文案与画面的配合天衣无缝,引人遐想。

三、听觉要素

影视广告中的听觉要素也就是"声音",主要包括人声、音乐和音效。

（1）人声

人声主要包含对话、独白、解说词三种形式。人声的一个重要作用就是烘托气氛。人声不仅有当作背景、提供音响效果的作用,而且可以用于直接表达出广告主旨。

（2）广告（画面）音效

音效在增强画面真实感、加强画面表现力、揭示事物本质上有着极强的表真、表意、表情的效果,可以从内容和形式上起到烘托、补充、使影视广告流畅的作用。例如:要表现人物焦灼的内心,常常用水滴放大的声音效果;要表现人物内心挣扎,会用飞机或者汽笛的巨大声音等。

（3）广告音乐

音乐是以声音为表现手段,用有组织的音乐构成听觉意象的艺术表现形式。在影视广告中想表达深刻、深沉、复杂的思想情感,而人声、音效、文案都显得苍白无力时,音乐往往凝结着影片中感情的共鸣和精神的升华,可以发挥出最好的效果。

例如:聆听音乐,感受生活——BBC音乐频道创意广告,这是一套获得"2010年纽约广告节"金奖的影视广告。片中用聆听音乐,感受生活的方式,很好地诠释了广告语:如果你爱你所在的地方,那就成为它的一部分。作为电台媒介,受众只能用耳朵去聆听。而该广告创意性地将听觉化的音乐触觉化,让身处各地的人们紧贴建筑物,似融合为一体的真实触感,透过影像传达出一种对音乐的热爱,至此听觉也不再单薄了。广告中至关重要的是选曲,该片选用经典歌曲*Unchained Melody*（不羁的旋律）。这首歌曲是由一个叫The Righteous Brothers（正义兄弟）的二人组合深情演绎的,后来因电影《人鬼情未了》而流行,是一代人的音乐记忆。而乐曲营造的宁静唯美也让人感觉如坠梦境,使片中的人物行为也更合理而不怪异。在这则广告中,广告音乐起到了举足轻重的作用——抒发情感、参与叙事、增强感染力和震撼力,以及揭示主题思想、奠定风格、创造意境。

总体来说,影视广告中的人声、音效和音乐这三种声音相互依存、相互渗透、相互结合,共同营造出了影视广告中的特殊情绪和空间艺术,在扩大视野、展示空间、声画印证、渲染气氛等方面起到了很好的作用，也给影视广告作品、影视声音艺术等创作带来很大的自由空间。

四、时间要素

在影视广告中，时间的含义主要有三个：其一是指广告的实际长度；其二是指影视广告的表现时间；其三是指影视广告观众的心理感受时间。而视觉和听觉这两个要素，也是通过时间来构成变化和节奏的。影视广告的长度往往为30秒、45秒、60秒，而国内电视台通常播放的是5秒、15秒或30秒的广告片。所以，找出适合在规定的时间里表现的素材和创意且有起承转合是至关重要的。

影视广告中最核心的四大要素分别是：视觉要素、文案要素、听觉要素和时间要素，只有将这四个要素有机地融为一体，影视广告才能更富表现力。

第四节 影视广告的制作流程

一则影视广告从最初的创意到最后制作成片是一个较为复杂的过程，中间涉及的环节众多。具体来说，整个影视广告的制作主要分为三个阶段，包括：前期筹备阶段、广告拍摄阶段和后期制作阶段。

一、前期筹备

1. 组建团队

优秀的创意是影视广告成功的前提，精良的制作是影视广告成功的保障。为了达到较好的广告效果，首先要组建一个摄制团队。

（1）导演组（图1-12）

导演组由导演、副导演、助理导演等组成。导演是影视广告制作的执行者，是把广告创意文案转化为视听语言，将文字脚本或可视脚本（storyboard）转化成视听构成的创作者，从始至终参与制作的前期筹备、拍摄过程和后期制作，并指导全体演员和职员的工作。

图1-12 导演组

（2）制片组

制片组由制片人、执行制片、现场剧务、外联剧务、生活剧务、场务、司机等组成。制片组是广告公司参与前期创作和摄制过程全部工作的负责组，专门负责控制广告片制作预算，负责推荐广告导演、作品，充当广告公司与制片公司、导演的中介，同时负责监督制作现场和承担执行制片的工作。

（3）摄影组（图1-13）

摄影组由摄影指导、摄影师、副摄影师、摄影助理、机械员等组成。摄影组对导演的艺术创作负责，选择最适合本广告片拍摄用的摄影机和灯光。摄影指导主要的工作是

图1-13 摄影组

指导摄影师如何为广告片创造最佳构图和氛围。摄影师全面负责摄影组的具体工作,在现场确认机位和全程操作摄影机构图,体现导演和摄影指导的构思。

（4）美术组

美术组由美术指导、美术师、道具师、道具员、服装设计师、特技师等组成。美术组与导演和摄影指导紧密合作,共同构建广告片的总体风格和形式。美术组主要负责设计和监督广告片的总体视觉效果,包括主体影调、色彩设计、人物造型、布景设计,以及协助导演选外景等。

（5）灯光组（图1-14）

灯光组由灯光师、副灯光师、灯光助理组成。灯光组负责制造摄影指导设计的灯光效果,为拍摄创造曝光和气氛所需的光效,特别是广告的静物和液体灯光,其对技巧要求很高。灯光助理听从灯光师和副灯光师的指令,协助副灯光师完成打光工作。

图1-14　灯光组

（6）后期制作组（图1-15）

后期制作组由剪辑师、特效师组成。一般来说,影视广告的后期制作包括三大内容:①组接镜头,也就是平时所说的剪辑;②特效的制作,比如说镜头的特殊转场效果、淡入淡出和圈入圈出等,现在还包括动画及3D特殊效果的使用;③还应该考虑后期声音制作的问题,包括电影理论中提出的蒙太奇手法等。这三点是影视广告后期制作必不可少的组成部分。

图1-15 后期制作组

2. 创意讨论会

召开创意讨论会（图1-16）的目的是通过集体的智慧设计出一套创意合适、可行性强的创意脚本。创意团队通常采用头脑风暴的方法，综合运用各种思维模式和创意方法，写出文创框架，绘制出思维导图，最终找到创意点。

图1-16 创意讨论会

3. 撰写文字脚本

广告文字脚本，是以文字描述的方式阐释影视广告的创意思路。它是广告创意（构思）的具体表现，是体现广告主题、塑造广告形象、传播信息内容的语言文字说明，它也是摄制影视广告的基础和参照。

4. 撰写分镜头

分镜头脚本（图1-17）又称摄制工作台本，是将文字转换成立体视听形象的中间媒介。主要任务是根据解说词和广告文字脚本来设计相应画面，配置音乐音效，把握片子的节奏和风格等。

分镜头脚本的作用主要表现在：一是当作前期拍摄的脚本；二是后期制作的依据；三是广告长度和经费预算的参考。而对于影视广告来说，如何在有限的时间内传达出理想的信息效果，分镜头脚本起着至关重要的作用。

图1-17 分镜头脚本

5. 绘制故事板

故事板是影视广告制作中的专用名词，它相当于建筑房屋事先所画的蓝图——一种连续的、有代表性的静止画面。根据剧本的不同场景讲述，绘制出一幅幅单独的画面，用来表示拍摄时所需的镜头数，拍摄时导演根据故事板的画面分段拍摄——俗称分镜头。

故事板是影视广告创意完成后，根据创意文案的脚本内容，由美术师进行视觉表现的再创作，所绘制成的具象化、可执行的图画（图1-18）。这种图文并茂的形式，就是创意表现的故事板。

图1-18 故事板

6. 制作简报

一旦确认了脚本和故事板，广告公司的创意总监和制作总管作为本片的监制，就会寻找和挑选适合这个项目的导演。

影视广告的制作，是涉及广告主、广告公司、制作公司与导演等方面的群体合作项目，在制作过程中，需要依靠多方专业人员的支持与配合，才能够实现影视广告制作的顺利完成，这就要借助一种沟通的工具——"简报"，它担当了制作公司、广告公司以及客户之间的沟通桥梁。

7. 召开PPM

通常，广告制作的筹备期要有三次PPM（Pre-Production Meeting），这三次PPM由制作公司、导演、广告公司和广告主多方共同参与。第一次PPM，是导演和制作公司提出自己对创意脚本的理解，制作公司必须拿出有导演想法的书面材料，要求图文并茂。第一次PPM完成以后，摄影组有许多工作要做，例如需要定点定位地去选景和选演员。另外，美术组出搭景图、进行服装的修改和道具的落实等都需要时间去完成。第二次PPM就第一次会议上未能确认的部分，制作公司将提报新的准备方案，供客户及广告公司确认。第三次PPM习惯上叫Final PPM，也叫拍摄前的总检查，就是对导演组、美术组、摄影组、制片组等部门的准备工作做一个总体的检查和验收。

影视广告制作的前期准备是为后期的拍摄和制作奠定基础，前期准备越充分，后期才会越有保障。

二、广告拍摄

经过缜密严谨的筹备后，广告开始进入拍摄阶段。拍摄阶段就是利用摄影机记录画面的过程，这时拍摄的素材可以说是构造最终完成片的基石。广告的拍摄期一般很短，往往只有一两天或三五天。通常拍摄是从大的场面拍起，然后再由大景别到小景别逐个拍摄。每拍完一个镜头都需要变换机位、场景，都要重新调整灯光照明和重新陈设道具。拍摄现场如图1-19所示。

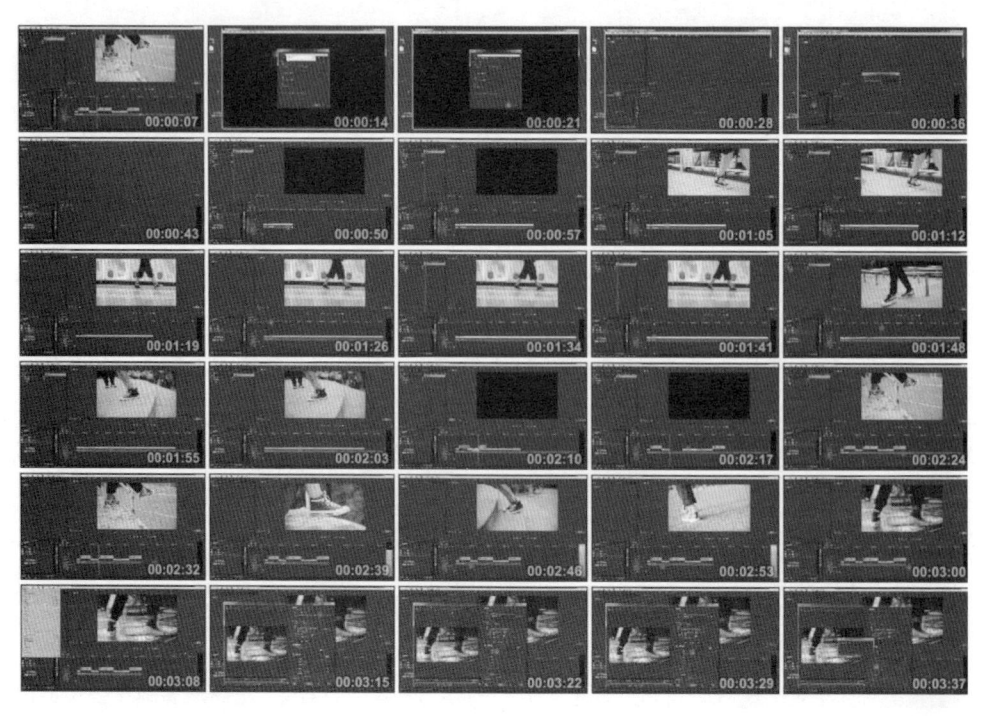

图1-19 拍摄现场

三、后期制作

当拍摄全部完成后，广告就进入后期制作阶段。首先要安排剧组成员一起挑选镜头，经过检查和筛选，便可进行编辑；其次，将选出的素材进行粗剪。基于计算机科技的数字化非线性编辑技术使剪辑的方法得到了很大的进步和发展。这种技术将素材记录到计算机磁盘中，利用计算机的运算、数据读取与储存等功能进行剪辑。它采用了电影剪辑的非线性模式，用简单的鼠标及键盘操作替代了"剪刀和糨糊式"的手工操作，剪辑结果可以马上回放观看，所以大大提升了制作的效率。在这个阶段，可以选用现成的音乐或专门写作的音乐小样来进行粗剪（图1-20），形成一个广告粗剪片。粗剪片出来后，可以进行审片。一旦粗剪得到通过，广告片的整体节奏和风格就基本定型了；粗剪完成后可以开始进行精剪，对广告的色彩、画面效果进行调整；然后开始根据脚本制作特效，特效镜头是指拍摄无法直接得到的镜头。可以利用实景拍摄所得到的素材，通过3D计算机动画和合成的技术来制作特效镜头，把镜头剪接组合在一起形成完整的影片。视频完成后进行配音，最后一步是合成。合成是利用已有的素材画面进行组合，同时可以对画面进行大量的修饰、美化，可以说是一种锦上添花的技术。

图1-20 素材粗剪

影视广告的制作是一个很复杂的过程，当所有的元素全部合成以后，影片就制作完成了。

第五节 "微时代"语境下影视广告的发展趋势

近年来，随着互联网技术的不断成熟，影视广告的形式和载体也在发生变化和更新。互联网的网络视频广告异军突起，成为一种重要的媒体广告。

一、网络视频广告

网络视频广告（图1-21）是采用先进数码技术将传统的视频广告融入网络中，构建企业可用于在线直播实景的网上视频。网络视频广告集文本、图像、音频、视频、动画为一体，表现力生动，内容丰富多彩，可以实现用户与广告的互动，符合当今社会的发展趋势。

图1-21 网络视频广告

二、网络视频广告的变化和创新

随着网络视频媒体的发展，受众收视习惯发生了改变，网络视频广告也呈现出一系列的变化和创新。主要表现在三个方面：第一，视频内容上的创新；第二，广告表现形式上的创新；第三，广告交互形式上的创新。

1. 视频内容上的创新

据有关数据调查显示，中国互联网视频面临着网络视频受众需要与视频内容之间存在差距的问题，若要增强视频媒体的核心竞争力，须对内容进行创新与控制。在我国众多短视频产品中，一条、二更和三感最具代表性。它们对广告视频内容的把握都有自己的特色和创新：一条短视频属于杂志化的视频，其镜头趋于静态，十分强调布景与摆设，在选题上多采用中产阶级的人物为主角，表现其特定的某一种生活方式；二更不同于一条，它主要按照"文化、娱乐、生活和财经"这四个板块进行内容的分布，通过人文短视频获得流量；三感却是基于"感知、感悟和感动"持续不断地创造内容IP，通过真正走心的故事，在感情记忆的"场景化"中与用户碰撞火花。

2. 广告表现形式上的创新

第一，创意中插广告。这种广告形式是结合剧中角色人物个性与产品特性展开的差异化的制作。比如，电视剧《军师联盟》中第21集玖富网理财旗下的悟空理财APP的创意中插广告是这样演绎的：大战在即，可是国库紧张，曹魏名将曹真用"食之无味，弃之可惜"吐槽他之前的投资项目回报鸡肋，因杨修凭此鸡肋典故而惹杀头之祸，众人纷纷紧张劝诫，可是曹真却很淡定，原来他有"绝不鸡肋的理财产品——悟空理财APP"。整个设计与剧中角色人物深度贴合，选用了原剧演员，以娱乐化的表现形式，围绕着产品的核心诉求进行重点传递。

第二，后期植入产品。这种广告形式让品牌借势热门IP，将产品、标识等品牌资产无缝融入观众喜爱的内容中。

除此之外，在网络视频广告中还有压屏条广告、弹幕广告、快进快退广告这样的几种广告形式。

3. 广告在广告交互形式上的创新

（1）情景互动

用户在观看视频时，可购买道具包，投掷道具进行情景互动，扫描屏幕下方二维码或摇一摇进入品牌互动页面，进行参与和交互。

（2）边看边买

用户可在视频播放的全程中，点击画面中商品，查看商品详情，进行商品收藏、购买等操作。

（3）先声夺人

用户通过语音输入，通过声音交互，强化品牌形象。

我们从网络视频广告内容上的创新、表现形式上的创新、交互形式上的创新了解到：对于网络视频行业来说，行业的融合正在展开，这些融合不仅仅是视频分享、视频下载这样的平台融合，更在于视频平台与购物平台、交流通信平台、娱乐平台等之间的融合；而受众的交互性传播也不仅仅在于人与机器之间、人与人之间的互动传播，更在于个人与组织的网络化行为之间的交互传播。

网络视频广告正处在日新月异的发展之中，其创新形式也在不断被研发，据有关专家预测，中国网络视频广告的发展趋势是进入智能化和自助化的发展阶段。网络视频广告正从单一化、强制性走向多样化、新颖化和自主化。

第二章 "微时代"语境下影视广告的创意方法

"微时代"的到来,改变了信息传播模式,也深刻地改变了我们的文化和生活方式。多元化的传播时代,传播环境复杂,信息碎片化且变得难以捉摸。广告创意也要在这个"微时代"中探索自己的创新之路。

第一节 影视广告创意方案脚本的设计要素

影视广告的创意方案是整个广告设计的基础和框架,也是影视广告设计的一个重要环节。一个好的广告创意会给人留下深刻的印象,在影视广告设计中大多通过运用情感诉求的方式让人们心中产生对事物或者其他感情的共鸣,最终达到触动心灵和被赞成认可的效果。在这个创意的过程中通过收集数据、头脑风暴、文字搭架、绘制思维导图等方式,最终确定创意路线。在设计过程中要把握住创意要素、情感要素和语言要素。

一、创意要素

广告创意,顾名思义就是在广告设计中使广告达到广告目的的创意性主意(idea),是设计广告的点子。创意是广告的灵魂,是使广告事半功倍的捷径。广告创意要打破传统想象的束缚,改变思维方式。常用的广告创意思维方式包括:创造性思维、收敛思维和悖论思维。创造性思维就是敢于冲破世俗的束缚,以独到的见解,打破常规,提出并解决不断出现的新问题;收敛思维又称集中思维,这种思维模式是从已给的信息里,寻找出一个理想的设计方案;悖论思维是指广告中的悖谬性思维,它并不是对逻辑的背叛,也不是反对思维的既定秩序,而是使受众从相反的方面来认识广告中最为本质的东西,从思维的对立面去寻找新的创意方法,打破固有的思维定式,这也是对广告创作思维逻辑性的发展与完善。

在影视广告设计中,广告创意的表现形式也包括诸多种类,例如:告知式、产品示范式、夸张式、消费者证言式、名人代言式、3B原则式、生活片段式、多情节并列式、电影式、歌舞式、幻想式、典故式、拟人式、悬念式、恶搞式、惊悚式、慢镜头式、声音特效式、纯字幕式等。

二、情感要素

影视广告大多运用情感诉求的方式让人们心中产生对事物或者其他感情的共鸣，从而达到触动心灵和被赞成认可的效果。它主要通过对目标受众的情感体验、情感记忆和联想的变化过程来触碰目标受众的情感世界，从而达到广告的目的。在影视广告创意方案设计中，情感要素一般分为亲情、友情和爱情三大类。

亲情类的影视广告比较注重家庭的情感氛围，以家庭为背景的故事衬托出商品的普遍性和实用性。广告中洋溢着温馨和睦的氛围，给人以一种温暖的视觉效果，让广告变得更加贴近生活、融入生活。比如：脑白金产品，就把家人回家过年或亲朋好友之间相互拜访的实例转变到影视广告当中，强调"今年过节不收礼，收礼就收脑白金"的宣传广告语，渲染了一个热闹、和谐的家庭亲情氛围，并且突出晚辈的孝心之道，以关爱中老年人健康为主，来宣传商品的保健作用。

友情类的情感诉求在影视广告中大多体现为朋友之间分享的重要性。比如：旺仔推出的棒棒冰系列，以小孩子之间天真无邪的交流方式为背景，创造出"你一半，我一半，你是我的另一半"这样极具分享色彩的广告词，给人以童真的感觉，并且在推销产品的过程中，向孩子展示了良好的美德，潜移默化地教育了孩子在结交友谊时要注重分享，满足了家长对教育孩子交友方面的情感诉求。

爱情类的情感诉求在影视广告中大多体现为恋人之间的情感表达方式。如："益达口香糖"的广告（图2-1）不但简洁明了地突出商品的味觉特性，而且以爱情主题为背景，描绘男女主人公在交往时总是以口香糖为辅助品来发展感情，顺理成章地引导出"关爱牙齿，更关心你"的爱情宣言，强大的广告效应刚好满足年轻人对于爱情方面的情感诉求。

图2-1 "益达口香糖"广告1

三、语言要素

语言要素是广告创意的重要组成部分。很多广告文案为了达到脍炙人口的广告目的，常会用到口语的表达。适当地将口语表达应用于广告文案中，能有效地增强广告的吸引力。例如："益达口香糖"酸甜苦辣系列广告中的"是你牙齿不好吧，大叔""嘿！你的益达""不，是你的益达"，就在广告词上面采用了通俗顺口的日常用语。广告（图2-2）播出后，取得了令人意想不到的效果，该广告语传遍大街小巷。

图2-2 "益达口香糖"广告2

优秀的广告词确实能给影视广告起到加分的作用，让受众牢牢地记住品牌，使品牌深入人心，得到受众的认可。这都得益于设计师对广告语言的高度概括和提炼。

例如："一切皆有可能"——李宁品牌口号（图2-3），其语言直击现代都市人的核心欲望，催人奋进。其寓意是：有李宁，哪里都是运动场；有李宁，怎么运动都时尚；有李宁，就能满足您的任何运动的欲望。

"人类失去联想，世界将会怎样"（图2-4）是联想集团的广告词，其借联想对人类的积极作用，表达企业的地位和价值。问句的形式引人思考，触发联想，短句铿锵有力，容易记忆。

图2-3 李宁品牌广告语

图2-4 联想品牌广告语

"不走寻常路"是美特斯·邦威的广告词（图2-5），富有个性挑逗力的广告语，体现当代年轻人充满自信，追求自然，渴望个性独立的时代气息。

"只溶在口，不溶在手"是M&M's巧克力的广告词（图2-6）。突出表现了公司的从业信念：商品最美、价格最廉、服务最美。语义简短而又含蓄，耐人寻味，这是著名广告大师伯恩巴克的灵感之作，堪称经典，流传至今。它既反映了M&M's巧克力糖衣包装的USP（独特的销售主张），又暗示M&M's巧克力口味好，以至于我们不愿意使巧克力在手上停留片刻。

图2-5 美特斯·邦威品牌广告语

图2-6 M&M's巧克力广告词

"新一代的选择"是百事可乐的广告语（图2-7），在与可口可乐的竞争中，百事可乐终于找到突破口，它们从年轻人身上发现市场，把自己定位为新生代的可乐，邀请新生代喜欢的超级球星作为自己品牌的代言人，终于赢得年轻人的青睐。一句广告语明确地传达了品牌的定位，创造了一个市场，可谓居功至伟。

图2-7　百事可乐品牌广告语

"想想还是小的好"是大众甲壳虫汽车广告语，20世纪60年代的美国汽车市场是大型车的天下，大众的甲壳虫刚进入美国时根本就没有市场，伯恩巴克再次拯救了大众的甲壳虫，提出"Think Small"的主张，运用广告的力量，改变了美国人的观念，使美国人认识到小型车的优点。从此，大众的小型汽车就稳稳地执美国汽车市场之牛耳，直到日本汽车进入美国市场。图例如图2-8所示。

图2-8 大众甲壳虫汽车广告

"Just do it"——20世纪90年代，耐克通过以"Just do it"为主题的系列广告（图2-9）和篮球明星乔丹的明星效应，迅速成为体育用品的第一品牌，因为这句广告语正符合青少年一代的心态，要做就做，只要与众不同，只要行动起来。然而，随着乔丹的退役，随着"Just do it"改为"I dream"，耐克的影响力却不如从前。

图2-9 耐克品牌广告语

"钻石恒久远，一颗永流传"是戴比尔斯钻石广告语，证明经典的广告语总是丰富的内涵和优美的语句的结合体，戴比尔斯钻石的这句广告语不仅道出了钻石是地球上最坚硬天然矿物的物理性能，而且巧妙地将这种"恒久远"与爱情的忠贞不渝联系起来，从另一个层面把爱的价值提升到足够的高度，使人们都希望拥有这种"恒久永流传"的爱情及其象征物钻石。图例如图2-10所示。

麦氏咖啡的广告语是："滴滴香浓，意犹未尽。"作为全球第二大咖啡品牌，麦氏咖啡的广告语（图2-11）堪称语言的经典，既符合品尝咖啡时的那种意境，同时又把麦氏咖啡的那种醇香与内心感受紧紧结合起来，同样经得起考验。

图2-10 戴比尔斯钻石广告

图2-11 麦氏咖啡广告语

丰田汽车广告语："车到山前必有路，有路必有丰田车。"20世纪80年代中国的市场上除了国产汽车就只有日本的进口车了。丰田汽车作为日本最大的汽车公司自然在中国市场上影响力十足，而这句精彩的广告语则很符合当时的情况，它巧妙地把中国的俗语结合起来，体现出自信和一股霸气，且朗朗上口。如今，丰田汽车恐怕已经不敢再说这样的大话了，但很多中国人还是记住了这句广告语（图2-12）。

"金利来，男人的世界"——金利来的成功除了得益于一个好名字外还在于成功的定位，金利来把自己的产品定位于成功和有身份的男士，多年来坚持不懈，终于成为男士服装中的精品，而这句广告语（图2-13）则如画龙点睛一般准确体现了金利来的定位和核心价值。

图2-12　丰田汽车广告语

图2-13　金利来品牌广告语

李维斯牛仔:"不同的酷,相同的裤"——李维斯牛仔是最早的牛仔裤品牌之一,一直以来都以个性化形象出现,在年轻一代中,酷文化似乎是一种从不过时的文化,李维斯牛仔裤就紧抓住这群人的文化特征,以不断变化的带有"酷"像的广告(图2-14)出现,打动那些时尚前沿的新"酷"族,保持品牌的活力和持久的生命力。

天梭手表:"瑞士天梭,世界穿梭"是瑞士名表天梭表的广告语(图2-15),广告语利用押韵技巧,简单易记,是国际品牌中传播语与中国语言巧妙结合的典范。

图2-14 李维斯牛仔广告

图2-15 天梭手表广告语

中国联通："让一切自由连通"——联通的标志是一个中国结的形象，本身就充满了亲和力。联通的诞生，为推动中国通信行业的发展做出了巨大贡献。联通把自己的标志和品牌名称自然地融入广告语（图2-16）中，从外表到精神做到了和谐统一，反映了企业的精神理念。

飞亚达："一旦拥有，别无所求"——当人们的生活品质达到一定高度后，手表就不只是显示时间这么单一的用途了，飞亚达用高贵的产品品质，把手表与身份联系起来，使人们戴上飞亚达手表，能获得气质不凡和唯我独享的尊崇感受。图例如图2-17所示。

图2-16　中国联通品牌广告语

图2-17　飞亚达手表广告

张裕:"传奇品质,百年张裕"(图2-18)——当进口红酒蜂拥进入中国市场后,以张裕为代表的国产红酒并没有被击退,而是通过塑造百年张裕的品牌形象,丰富了酒文化内涵,使一个拥有传奇品质的民族老字号企业毅然挺立。

图2-18 张裕红酒广告语

新飞冰箱:"新飞广告做得好,不如新飞冰箱好"(图2-19)——这个广告曾经引起争议,语言学术界、广告评论界、竞争对手都加入了讨论的行列,褒也好,贬也好,反正新飞是没事偷着乐,毕竟广告能引起如此广泛的关注就是成功,新飞的知名度因此提升了不少。这条广告语直到今天还在使用。

图2-19 新飞冰箱广告语

可口可乐："爱上音乐，就是这感觉"——在碳酸饮料市场上可口可乐总是一副舍我其谁的姿态，似乎可乐就是"可口"。可口可乐的广告语每几年就要换一次，也流传下来不少可以算得上经典的主题广告语（图2-20），每一句都能代表可口可乐的精神内涵。

图2-20　可口可乐广告语

优秀的广告语以企业的产品定位、营销策略、市场竞争情况、目标消费者的需要为依据，寻找一个"说服"目标消费者的"理由"，并把这个"理由"用语言表现出来，达到影响目标消费者的情感和行为的目的，从而促成购买行为。

第二节　影视广告创意方案的设计策略

把握好影视广告创意方案的设计策略在于三点，包括：创意主题表现策略、创意形象表现策略和创意风格表现策略。

一、创意主题表现策略

创意主题是影视广告创意方案设计的核心理念。广告创意的主题决定了广告传播的整体效果，应侧重于题材的选择、编排、遣词用字，通过艺术手段，淋漓尽致地展示广告主题。舍得酒的品牌核心价值定位为"古朴庄重、神秘玄妙、博大精深"。核心广告语为"人生舍得道，乾坤珍酿中"。其旁白采用中国传统对仗的对偶句，是为了更好地与舍得酒对立统一的文化品位相符。整条影片的意境大气磅礴，很好地体现了舍得酒博大精深、古朴庄重的高档品位与文化底蕴。广告图片如图2-21所示。

图2-21 舍得酒广告

二、创意形象表现策略

影视广告创意方案设计中的形象表现是指广告作品中出现的人、事物和发生的活动。消费者主要通过影视广告中所展示的信息、形象、风格在心里勾勒出对产品的印象，所以广告创意方案抓住消费者的关键之一是强调影视广告作品中的形象。影视广告创意要把抽象的形象凝聚成具体生动的艺术形象，这样消费者更容易接受。

例如，热销的"立邦"漆，其广告为我们展现了极具民族风情的一幅画卷：宁静和谐的新疆小村、气氛欢乐的课堂、主妇的晾衣情景、炊烟袅袅的炉灶、朴素的民宅……不多时，一辆承载着立邦漆的平板车缓缓驶入村庄。于是，我们看到了忙碌着传递油漆桶、用油漆粉刷房屋的场景。当一切工作结束后，屏幕上出现的是一派色彩艳丽的景致：鲜红的屋顶与蓝天白云、橙色的烟囱与雪白的墙面、蓝色的窗框与白色的山羊，还有绘满花纹图案的民宅墙面……然后整个广告又切入另一个场景：一对维吾尔族青年的结婚庆典，欢腾热闹。看到这里观众才恍然大悟，原来整饰一新的房屋，正是为迎接远道而来的新娘。接着，画面回到最初的学堂。而这时的桌椅已不再是先前的原木色，取而代之的是鲜艳的蓝色。最后，又是婚礼现场人们载歌载舞的景象，广告在"处处放光彩"的字幕中结束。这是一则长达3分钟的广告，在商业广告中这是很少见的，可见广告主的良苦用心。通过相同景物的前后对比，尤其是如学校、婚礼这些贯穿始终的场景，使立邦漆的作用愈加凸显。在平常的生活描述中介绍产品，生动而鲜活。画面极具色彩感，讲究构图艺术感，以色彩表现产品的性质。这则广告能够在消费者心中留下深刻印象得益于塑造了一个极为鲜明的品牌形象，使消费者与产品之间产生良好有效的沟通，成为拓展此品牌同类型用品市场的金钥匙。

三、创意风格表现策略

影视广告创意方案设计的创意风格表现，是指影视广告作品在广告内容、形式等方面统一表达出的一种感觉。不同的创意风格表现会让产品呈现给消费者不同的理念。

例如：理性型风格就是明确罗列商品信息，以一种证明的性质，有依据地宣传商品。这类型的说服方式可以是正面的，比如传达产品的优点和消费者使用的好处，当然也可以是负面的，传达一种不买会带来一系列不好的影响，用以推动消费者思考判断，从而促进消费。这种影视广告创意方案设计有一个明确的诉求点，它多用于推出新产品或竞争较大的产品。如瑞士欧米茄手表的广告创意是这样的：全新欧米茄蝶飞手动上链机械表，备有18K金或不锈钢型号；瑞士生产，始于1848年；机芯直径仅25毫米，内里镶有17颗宝石，配上比黄金稀有昂贵20倍的铑金属，价值非凡，浑然天成。这样精确的描述，使消费者对产品有了更细致的了解，这里的每个数字都使这则广告更具说服力。

例如：情感型风格就是以一种情感诉求的方式来捕捉消费者的心理，触动消费者的情感，给产品赋予一种感情，使其更具有亲和力，以此来促进消费。如益达无糖木糖醇广告（图2-22）创意为：产品——益达无糖木糖醇；广告对象面向当代热爱生活、有朝气的年轻人；广告长度14分钟38秒；广告代言为彭于晏、桂纶镁以及连凯；这部微电影广告分为酸甜苦辣四个部分，体现了两个人谈恋爱的酸甜苦辣，而在这个过程中有益达的相伴，保护着你的牙齿，将其"关爱牙齿，更关心你"的产品理念很好地诠释出来。

图2-22 益达无糖木糖醇广告

四、影视广告创意方案的设计要点

影视广告创意方案不仅要能够体现广告主题，塑造广告形象，传播信息内容，同时也是摄制影视广告的基础。在影视广告创意方案的设计过程中要遵循五个标准。

1. 创造内容而不是喊口号

广告创意脚本的核心是创造能通过短暂的时间来抓住消费心理的内容，这个内容可以是一个情感表达的故事，它需要用最短的时间把故事推向高潮、把情感推到极致。这就要求广告脚本创作者在提炼故事、表达情感时能够"笔不留尘"。

例如：《因为家，房子才有了意义》这组系列广告（图2-23）。

广告性质：链家品牌商业广告。

广告特点：通过情感的表达打动消费者。

广告内容表现：通过不同身份的人的体验和诉求来体现"家"的概念。

广告风格：情感型。

故事脚本：以务工人员、空巢老人、新婚夫妻等家庭从亲情、爱情等不同的角度来体现合适的房子对人们的重要性。

广告语：因为家，房子才有了意义。

图2-23　链家网广告

2. 创意要注重节奏感

广告的创意设计犹如歌曲的创作,需要创作者使用一个非常短的时间来表达系统的艺术内容。广告具有艺术感和韵律感才能使得其更具欣赏性,也能与消费者产生足够的互动。

例如:Eight社交软件商业广告(图2-24)。

图2-24 Eight社交软件商业广告

广告性质：商业广告。

广告特点：节奏感强。

广告内容表现：用不同种类、不同职业、不同年龄的人交换名片来体现出使用社交软件的效率。

广告风格：简洁、大方、展现规律性。

故事脚本：两个人、三个人、四个人……千千万万的人通过交换名片来认识对方，结果用软件却一键搞定，体现软件的高效便捷。

3. 创意元素与品牌元素保持理念一致

广告脚本的创意元素要具有鲜明的特征，这需要广告脚本创作者拥有大量的广告素材的积累。在广告脚本创作实践中，广告脚本创意元素要与品牌元素保持理念上的一致。这样，才能够使品牌理念得以通过广告传播的方式传达给受众。

例如：一则环保公益广告。

广告性质：公益广告。

广告特点：趣味性。

广告内容表现：用生活中常人完全不会想象到的两种物品之间的联系，引人深思。

广告风格：拟人化，非常有趣味性。

故事脚本：第一个场景，一个空牛奶盒看到一卷落在地上的卷纸快被吸尘器吸走，于是奋不顾身地从桌子上面跳了下来用身体挡住了吸尘器，"两人"被撞到墙上之后吸尘器自动转弯。卷纸感动地问牛奶盒："你是谁？"牛奶盒转身回答道："我是你爸爸。"第二个场景，一个空的易拉罐，看到一只狗准备往路边的车上撒尿，于是奋不顾身地滚了过去接住了尿，并将狗吓跑，随后汽车问易拉罐是谁，易拉罐回答道："我是你爸爸。"第三个场景，在一个游泳池里，一只玩具鸭侧翻在水面上，桌子上的吸管看到后挣扎着跳下水并用身体作为氧气管成功地"救"下了"溺水"的玩具鸭，随后玩具鸭问吸管是谁，吸管回答道："我是你爸爸。"第四个场景，一个挂在树上的塑料袋，看见商店里面的模型男身上的衣服落在了地上，塑料袋挣扎着从树上掉了下来并趴在玻璃上挡住了模型男的私处，模型男问塑料袋是谁，塑料袋回答道："我是你爸爸！"

广告语：保护环境，循环利用。

4. 创意要抓住产品卖点

广告片本身具有商业营销性质，因此，在写广告脚本创意时，一定要抓住产品卖点。无论创意多么天马行空，都要围绕着产品卖点服务。在写广告脚本之前，一定要吃透产品身上的所有信息，理清哪些特征能作为产品卖点，吸引消费者购买。

例如：iPhone7产品广告创意脚本。

广告性质：iPhone7产品商业广告。

广告特点：张弛有度，引人入胜。

广告内容表现：夸张地表现出iPhone7对人的影响与产品性能的优异。

广告风格：夸张，具有喜剧因素。

故事脚本：一位老人躺在游泳池旁边的躺椅上惬意地听着歌，随后将手机音量开到最大放在桌子上，引来了周围人的关注，然后他走上跳台，跃入水中。通过一系列动作来表现产品的立体声扬声器特征。

广告语：stereo speakers on iPhone7（iPhone7立体声扬声器）。

5. 创意一定要大胆创新

真正优秀的广告脚本是套不出来的，因为它不留死角，所有的元素都与表达内容完美契合，文字也配合得严丝合缝。所以，在创作广告脚本时，一定要琢磨透每一处文字，让文字紧紧地与画面内容相契合，融合、统一、坚固。只有这样，创作出的广告才能让观众接受，给观众留下深刻印象。

例如：《爱无处不在》公益广告（图2-25）创意脚本。

广告性质：公益广告。

图2-25 《爱无处不在》公益广告

广告特点：通过人体骨骼的动作，引人联想。

广告内容表现：用人体骨骼不同的动作表现出爱无处不在的主题。

广告风格：趣味性。

故事脚本：在熙熙攘攘的大街上，一个大型LED屏幕竖在中间，屏幕上面显现出人体骨骼的形状，骨骼在相互亲吻、拥抱，随后两副骨骼往边缘走来，当他们从屏幕中走出时，可以看到他们的真实身份，有的是两位女性，有的是两位肤色不同的男女，有的是两名老人，有的是两个小孩，有的是宗教信仰不同的人。旁边的显示器上适时地打出标语：爱不分男女，不分肤色，不分种族，不分年龄，不分宗教信仰。

广告语：爱无处不在。

影视广告创意方案设计是无数次思想的碰撞，想要有一个新颖的创意不是一蹴而就、凭空想象的，而需要经历一个发散思维的过程，无数次地尝试，进入深度联想，当然，发散思维也要遵循一定的目的性，那就是广告诉求，然后再从其中选出一条思路，对之加以丰富完善，这才能完成一个影视广告创意方案设计。

第三章 "微时代"语境下影视广告的分镜头脚本设计方法

影视广告的分镜头脚本是体现广告创意与主题、塑造广告形象、传播广告信息内容的形式。分镜头脚本将文字转换成立体的、视觉化的、听觉化的相互结合的形象,将一个个单独的镜头整合成一系列可拍摄的画面。分镜头脚本,也被称为摄制工作台本。

可以说,分镜头脚本是导演和摄制组及演员沟通的渠道,它不是广告作品的最后形式,而是影视广告作品形成的基础与前提。因此,它对最终成形的广告作品的质量和传播效果具有举足轻重的作用。

第一节 影视广告分镜头脚本的设计要素

通常情况下,分镜头脚本构成内容包括:镜头序号、镜头运动、景别、镜头时间、画面内容、演员调度、场景设计、台词、解说词、广告口号、音乐、音效等。分镜头脚本格式如表3-1所示。

表3-1 分镜头脚本格式

镜号	机号	技巧	景别	镜长	画面	解说词	音乐	音效	备注

影视广告分镜头脚本的设计要素包括:影视广告的镜头语言要素、影视广告分镜头脚本的构成要素两个部分。

一、影视广告的镜头语言要素

(1)机位:顾名思义,机位就是摄像机的位置。即摄像机在空间上的位置及其与被表现事物的相对位置关系。

(2)视线、视点和视野是确定一个观察机位的要素。视线决定看什么,视点决定从什么地方、什么角度看,视野决定看多大一个范围。视线就是人们要看的内容、方位等。

(3)景深:一般分为小景深、中景深、大景深、全景深。

景深范围是光学镜头成像原理中的一个概念，即所谓的"焦点区域"。一般说来，镜头开角越小，景深范围越小，能够看清楚的"焦点区域"越小。反之，镜头开角越大，景深范围越大。镜头开角大到一定程度，还会出现全景深现象，即画面上的所有景物都是清晰的。因此，景深越大影像的清晰范围越大。

景别：景别是指由于摄影机与被摄体的距离不同，而造成被摄体在电影画面中所呈现出的范围大小的区别。导演和摄影师利用复杂多变的场面调度和镜头调度，交替地使用各种不同的景别，可以使影片剧情的叙述、人物思想感情的表达、人物关系的处理更具有表现力，从而增强影片的艺术感染力。

景别的一般划分标准如表3-2所示。

表3-2　景别的一般划分标准

特写	人物自头顶至肩部以上或人物身体的某个局部
近景	人物自头顶至胸部以上部分在画面中
中近景	人物自头顶至腰部以上部分在画面中
中景	人物自头顶至膝盖以上部分在画面中
全景（小全景）	人物在画面上的高度大于画面1／2高度，至全身带地面
远景（大全景）	人物在画面上的高度小于或等于画面1／2高度
大场景	人物与周围环境融为一体

（5）构图

构图的一般原则：

人、景、物的同一性：对一个场景里人物活动的画面表现，人物与场景、物件之间的关系必须是前后统一的。

视线：影片的视线主体有两种——讲述人的视线（客观视线）和剧中人的视线（主观视线）。影片的画面构图必须有观察的"主体意识"，要时刻想到画面所对应的观察者是谁。

朝向、轴、对称：画面上人物的朝向关系到在连续播放中观众是否能够清楚地把握住画面上人物之间的位置和朝向。一般情况下，把机位安排在人物关系线（轴）的同侧，能够保证人物朝向的前后统一，这是影视画面构图的一个基本规则。

偏、分：是用来研究构图左右关系的。左向人物偏右，右向人物偏左，这是画面构图的常用形式。人物在画面中的位置可分为均分、三分、四分、五分等，常见的是均分和三分画面。

二、影视广告分镜头脚本的构成要素

镜号：即镜头顺序号，一般以分镜头剧本中的编定为顺序。它可作为某一镜头的代号。

机号：现场拍摄时，往往是用2～3台摄像机同时进行工作，机号则是代表这一镜头是由哪一台摄像机拍摄。通过这一标号可以轻松地查找到对应摄像机拍摄的内容。

景别：有远景、全景、中景、近景、特写等，它代表在不同距离观看被拍摄的对象。能根据内容要求反映对象的整体或突出局部。

技巧：包括摄像机拍摄时镜头的运动技巧，如推、拉、摇、移、跟等，以及镜头画面的组合技巧，如分割画面和键控画面等，还有镜头之间的组接技巧，如切换、淡入淡出、叠化、圈入圈出等，一般在分镜头脚本中，在技巧栏只是标明镜头之间的组接技巧。

时间：指镜头画面的时间，表示该镜头的长短，一般时间是以秒为单位。

画面内容：用文字阐述所拍摄的具体画面。为了阐述方便，推、拉、摇、移、跟等拍摄技巧也在这一栏中与具体画面结合在一起加以说明。有时也包括画面的组合技巧，如画面是由分割的两部分合成，或在画面上键控出某种图像等。

解说：对应一组镜头的解说词，必须与画面密切配合。

音响效果：在相应的镜头标明使用的效果声。

音乐：注明音乐的内容及起止位置。

备注：方便导演作记事用，导演有时把拍摄外景地点和一些特别要求写在此栏。

影视广告分镜头脚本示例，如表3-3所示。

表3-3　影视广告分镜头脚本示例

镜号	景别	画面内容	声音
1	全景	热闹的夜市街口，各种小吃摊热气腾腾，一个穿着华丽旗袍、提着手袋的女子站在一面挂着"福尔康瓜子"大幅招牌的卖瓜子的铺子前。（外景镜头可取自王府井小吃一条街）	（夜市上各种叫卖声） （女声，悠远地）：每个人都有她特别怀念的食品
2	字幕特写	（字幕）：上等的绿茶原汁浸煮 （特写）在翻滚着茶叶的汤锅里隐隐见到瓜子的踪影 （字幕）：精选的南瓜子 （特写）拉着风箱的炉子和红红的火炉，表示瓜子经过煮制之后再经过烘干处理	（女声，悠远地）：就像福尔康绿茶瓜子
3	近景	扎着围裙的摊主满面笑容地将瓜子过秤然后倒入特制的印有"福尔康"字眼的纸包装袋里，（特写）圆滑饱满的瓜子倒入印制精美的纸包装袋内，（特写）"福尔康"三字	（女声，悠远地）：在我的记忆中留下抹不去的清香
4	全景	女子接过瓜子，身边一个风度优雅的画家，捡起女子不小心掉在地上的手绢归还，女子一脸错愕，随即莞尔一笑，匆匆道谢离去，男子久久目送她的身影消失在人流中	（女声，悠远地）：那思念的清香里，还有他

续表3-3

镜号	景别	画面内容	声音
5	全景	画家疾步走在女子消失的那条街上，空寂的街头，似乎四处都可见女子美丽的身影闪烁、隐әнные，表示男子的失落与急切的心情	
6	全景	画家满脸焦急再次来到福尔康瓜子铺，和店老板商量，在包装上比画着，请求为福尔康瓜子手绘包装袋，此时，来这里买福尔康瓜子的人络绎不绝，每人手上拿着的都是有"福尔康"三字的包装袋	（优美的音乐）
7	全景——特写	在深夜空寂无人的街头，满大街都是用竹竿挑起的福尔康瓜子的外包装袋，（特写）包装上画的是女子的身影。男子伫立街头，用这种特别的"寻人启事"，寻找那个夜市上见过的女子	
8	近景	女子拿着一包印着自己身影的福尔康瓜子端详着，表情若有所思	
9	全景	时光飞逝，红颜渐老。一个午后，阳光照在小小的方桌上，方桌上放着一套茶具和一包福尔康瓜子，优雅而成熟的女子悠闲地坐在旁边的靠背椅里面	（女声，深情地）：难以忘怀的滋味
10	全景	画面以古老的街道为背景，福尔康瓜子外包装在整个画面的右下边	（女声，深情地）：福尔康绿茶瓜子

第二节　影视广告分镜头脚本的设计策略

在影视广告设计分镜头脚本的创作过程中，分镜头脚本的设计策略需要考虑以下几个方面的内容。

第一，拍摄场景和内容。按照顺序列出每个镜头的镜号，目的是为以后拍摄的行程进行规划，这是非常重要的一步，若不记录，往往会出差错。

第二，镜头的景别。为了确定每个镜头的阶段，镜头景别的选择不只是方案的需求内容，还要考虑到不同景别对表现节奏的作用、物体的空间关系和人们对于事物的认知规律。例如：绿箭广告熊篇（图3-1）中，游客一起在动物园看熊，先给了一个熊与女主的近景正反拍，赋予熊人性化的行为并与女主进行眼神交流，后从卖气球商的尖叫声引出熊出笼子的镜头，利用3个镜头来加快故事的节奏，对故事的转折起到了很好的作用。

图3-1 绿箭广告熊篇 分镜头

第三，拍摄手法。拍摄手法有推、拉、摇、移动、变焦等，运动镜头需要在分镜头脚本中特别说明，以便拍摄。

第四，镜头的长度。镜头的长度取决于内容，它需要与观众了解镜头内容的时间相匹配。同时还要考虑到情绪的延续、转换或停顿所需要的长度。

第五，提炼镜头语言。采用精练的、特定的镜头语言来描述画面内容显示广告。比如说旺仔牛奶广告（图3-2），孩子的脸上挂满笑容，心情是快乐的，这传递了产品快乐的理念。

第六，音效。要充分考虑到声音的作用，声音要符合场景情节，并与画面内容对应统一。声音是很重要的，它占据人们的听觉。声音的记载是为了后期更好的声画效果。

影视广告分镜头脚本是在文字脚本的基础上利用蒙太奇思维和蒙太奇技巧进行脚本再创作。它是摄影师进行拍摄、剪辑师进行后期制作的依据和蓝图，也是演员和所有创作人员领会导演意图、理解广告内容、进行再创作的依据。文字脚本只是将影视广告的文体形式和表现类型编写出来，好比是设计图纸，而不是具体拍摄依据。而分镜头脚本如同施工图一样，它主要是为摄制组所使用的。并且还可以将整个广告创意用文字固定下来，作为编辑的依据，待广告主签字后，可作为检查广告摄制效果的依据和法律凭证。

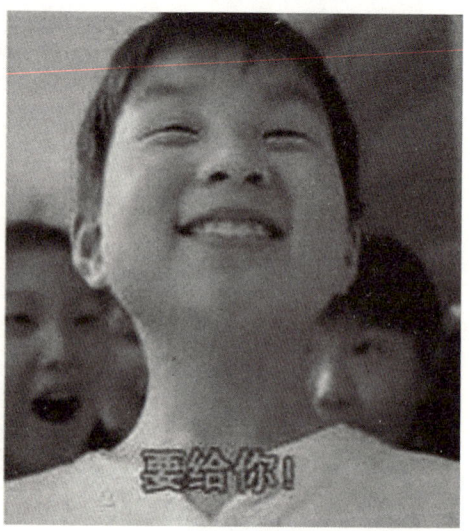

图3-2　旺仔牛奶广告分镜头

第三节　影视广告分镜头脚本的表现形式

影视广告分镜头脚本的表现形式一般分为两种，一种是以文字的形式出现，另一种是以故事板的形式出现。

一、文字形式的分镜头脚本

撰写文字形式的分镜头脚本要把握以下四个要素：

（1）时间因素

对于几十秒的影视广告，要充分表达广告信息内容，是件不容易的事，所以编写镜头的长度，必须考虑时间这一因素。

（2）镜头技巧因素

影视广告的画面要求紧凑，有逻辑性。因此，运用镜头技巧要符合认知规律和逻辑规律，镜头组接技巧要富有节奏感。

（3）画面与解说因素

影视广告的画面是广告内容的重要体现者，而解说是对广告内容的陈述。两者要根据创意、表现的要求，尽可能配合得自然、和谐，正如常说的"恰到好处"，这也是编写过程需要考虑的因素。

（4）音效因素

音效是为了表现某种逼真效果，音乐是渲染广告的艺术氛围。在编写影视广告分镜头脚本时，何时需要音效、何时出现音乐，这也是不容忽视的。

例如：文字形式的分镜头脚本案例分析。

分镜头脚本实例：邵阳老酒口味篇（表3-4）。

广告性质：邵阳老酒产品广告。

广告特点：用湖南名人大兵的湖南方言演绎地道的湖南味道。

广告内容表现：用大兵特有的气质，以具有亲和力的方式讲述邵阳老酒的独特风味。

广告风格：传统中不失现代，具有亲和力。

表3-4 邵阳老酒口味篇分镜头脚本

镜号	景别	画面描述	音效/字幕
1	特写	一只手把一只青瓷酒杯放在桌上，准备倒酒	男子（大兵·湖南话）："讲相声，要对你的口味。"字幕：右下角放手写的大兵签名作为注解
2	近景	大兵身穿红色唐装，背景隐约可见是一家传统风味的酒楼	
3	中近景	大兵身穿红色唐装，对着镜头说话	男子（大兵·湖南话）："喝酒嘛，要对我的口味。"
4	特写	一只手拿着邵阳老酒特有的小酒瓶，往瓷杯里倒酒	
5	近景	大兵举起酒杯对着镜头敬酒	男子（大兵·湖南话）："邵阳老酒，既对你的口味，也对我的口味。"
6	近景	大兵端起酒杯呷了一口酒，露出很滋润很享受的表情	
7	中近景	大兵一手拿着邵阳老酒，一手指着酒瓶推荐	男子（大兵·湖南话）："轻松一口，邵阳老酒。"字幕（类似标板的手写体）：轻松一口，邵阳老酒

例如：苹果电脑"大东西，小东西"篇分镜头脚本（表3-5）解读。

广告性质：苹果笔记本电脑广告。

广告诉求：苹果笔记本电脑既有最新款的超大17英寸，也有精致的便携12英寸。

广告特点：用小巨人姚明与小矮人特罗伊尔两个名人之间的体型反差构造戏剧效果，突出苹果电脑大小尺寸的特点，营造幽默的广告氛围，增加记忆点。

广告内容表现：两位明星在飞机上成为邻座，各自使用自己的苹果笔记本电脑。

广告风格：诙谐幽默。

表3-5 苹果电脑"大东西，小东西"篇分镜头脚本

镜号	景别	画面描述	音效/字幕
1	近景	身高不到1米的小矮人拖着大行李箱晃晃悠悠进了机舱	背景音效：机舱内起飞前的说明
2	中景	他来到公务舱，一抬头看见姚明刚刚收拾好行李箱，正在脱外套，然后他钻进去爬上了自己靠窗的座位	
3	近景	姚明挨着他坐下来，冲他点点头，他也仰头打了个招呼	
4	近写	飞机起飞了，姚明百无聊赖，他坐那儿并不起身，一抬手就打开了行李盖，摸出一个银色的笔记本电脑来，开始玩NBA电脑游戏	音效："叮——"表示飞机起飞 旁白（男声，英文）：说明性介绍——12英寸的超强笔记本电脑
5	特写	12英寸笔记本电脑放在姚明膝盖上，形成反差，笔记本电脑画面是NBA篮球游戏	背景音效：篮球游戏的声音
6	近景	小矮人一看，麻利地解开安全带扣，蹓溜就下了地，打开前面座位下面的行李，也抽出一个银色的笔记本电脑	音效："嗒——"解开安全带的声音 旁白（男声，英文）：说明性介绍——17英寸的超级笔记本电脑
7	特写	硕大的笔记本电脑把小矮人的腿都占满了，形成反差，笔记本电脑上播放着《卧虎藏龙》影片	背景音效：《卧虎藏龙》影片的声音
8	近景	姚明忍不住偷看了一眼小矮人的电脑屏幕	

续表3-5

镜号	景别	画面描述	音效/字幕
9	近景	小矮人突然转头看了姚明的屏幕一眼，姚明不好意思地转过脸去，接着玩他的篮球游戏，小矮人眼睛诡异地一笑，仿佛在说："呵呵，你的比我可小多了。"	
10	近景	两个人看着对方的电脑屏幕，相视一笑	旁白（男声，英文）：这就是苹果12英寸和17英寸笔记本电脑
11	标板	苹果电脑	

例如：国外安全带公益广告分镜头脚本（表3-6）。

广告性质：公益广告。

广告特点：用特效构成特殊的视觉效果，直观呈现汽车安全带带来的安全保障。

广告内容表现：一群年轻人经历汽车事故后，没有系安全带的乘客灵魂出窍而死，只有系了安全带的人，因为灵魂被安全带绑住不得离开，而得以幸存。

广告风格：特效呈现灵异效果，音乐打造神秘氛围，营造直观的视觉刺激。

表3-6 国外安全带公益广告分镜头脚本

镜号	景别	画面描述	音效/字幕
1	全景	路边的一棵大树，因为撞击而猛烈晃动起来	音效：汽车猛烈的撞击声
2	远景	一辆汽车撞到大树上，引擎冒烟	
3	中景	车内倒着四个年轻男子，因为撞击都失去了知觉	
4	特写	一个男子的手，白色的灵魂从手上游离出来	
5	特写	从汽车的后视镜中看到灵魂从一男子的脸上游离出来	
6	中景	车内所有人的灵魂都开始向上方游离	
7	全景	大树旁停着撞坏的汽车，灵魂一个个从车里游离出来	背景音乐：神秘的、宗教色彩的
8	中景	副驾驶位置上的男子的灵魂也在向上挣扎着游离	
9	特写	灵魂的手想解开扣着的安全带	
10	特写	（头顶俯拍）灵魂在座位上挣扎	
11	中景	灵魂挣扎未果，又回到了男子体内，男子受到震动，突然醒来，不住喘气	
12	特写	（头顶俯拍）男子充满感激地握住自己系好的安全带	
13	标板	画面淡出，黑屏出现警示语："HEAVEN CAN WAIT BELT UP"	"HEAVEN CAN WAIT BELT UP"

二、以图片形式展示的分镜头脚本

影视广告分镜头的另一种表现形式是通过图片的形式展示出来的——即故事板。广告故事板是一种连续的、有代表性的静止画面。它是影视广告创意完成后，由美术师根据脚本内容，进行视觉表现的再创作。它是根据广告脚本中不同场景的描述来绘制的一幅幅单独的具象化、可执行的画面。它主要用来表示拍摄时所需的镜头数、画面效果，从而指导导演和摄像的分段拍摄。因此，故事板是表达画面关键帧的视觉草图，主要应用于视频制作和广告设计。20世纪90年代之后，随着电脑软件的飞速发展，电脑绘制软件逐渐取代了传统手绘故事板，许多商业影视制作，都会在拍摄之前用电脑动画模拟的方式创建故事板，以提高影片制作的效率。

故事板的初衷是为了在实际的影片拍摄之前，用图示的表达方式，向整个剧组说明整场戏的流程与步骤。特别是有些场景难以用具体的语言表述的时候，故事板可以让一个由不同背景的工作人员构成的摄制组尽快地理解导演的意图。在电影艺术中，故事板就起到了非常重要的作用，为影片的顺利拍摄打下了坚实的基础。

例如：图3-3《战狼2》故事板。

图3-3 《战狼2》故事板

1. 影视广告中故事板的表现形式

故事板的表现形式主要有三种：剧本式（图3-4）、提案式（图3-5）和导演式（图3-6）。剧本式故事板主要是精练地表达各个故事内容，在创作中详细地表达各个创意，包括剧本中的时间、场景、画面说明、声音等；提案式的故事板主要是通过总结概括整个广告的创意，来向客户进行展示，方便与客户进行交流沟通，它一般用在筹备期或者前期制作阶段。这类故事板的绘制主要为了激发客户的兴趣，因为客户较少涉及技术和细节，因此主要传达整体设计基调和风格，一般数量较少，注重绘画的细节，通常以彩色画面形式呈现；导演式的故事板则主要服务于导演的工作，包括控制整个拍摄流程和后期的特效制作。其注重绘制的连贯性，在绘制中不太过于重视细节，一般也不上色，在绘制复印后发给工作人员。不同的故事板形式服务于不同的对象和工作流程，需要根据工作的特定对象进行选择。

图3-4 剧本式故事板

图3-5 提案式故事板

图3-6 导演式故事板

2. 影视广告中故事板的制作方法

故事板是将广告文字脚本视觉化的产物，它使创意变得具体可见，其制作方法包括手工绘制（图3-7）、照片拍摄（图3-8）、图片素材合成（图3-9）、照片拍摄和图片素材相结合（图3-10）、使用故事板电脑软件制作（图3-11）。

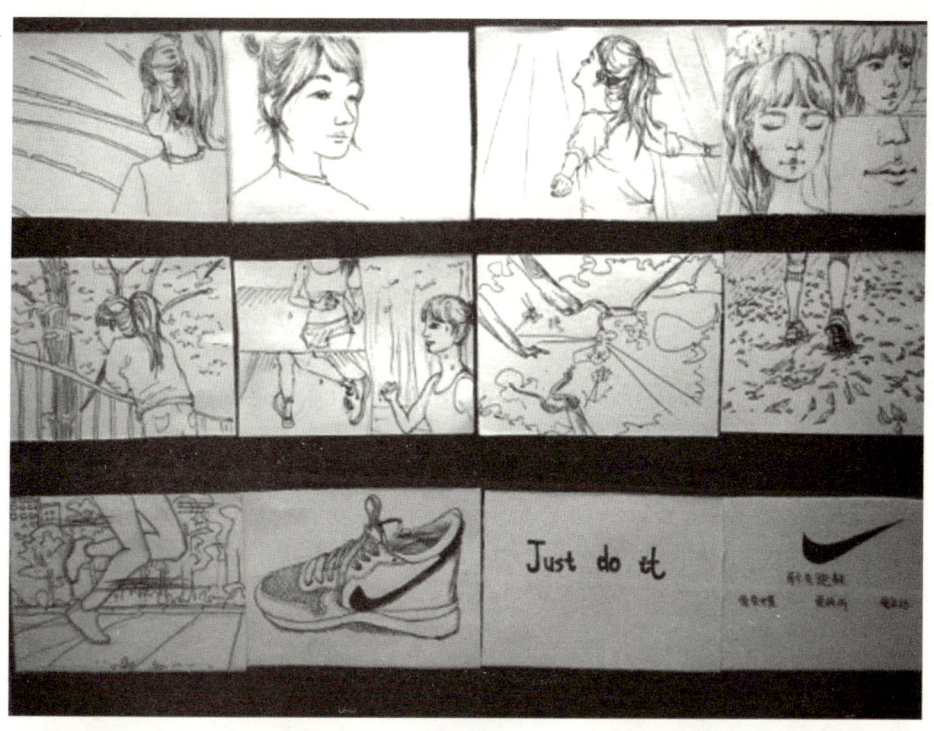

图3-7 手工绘制

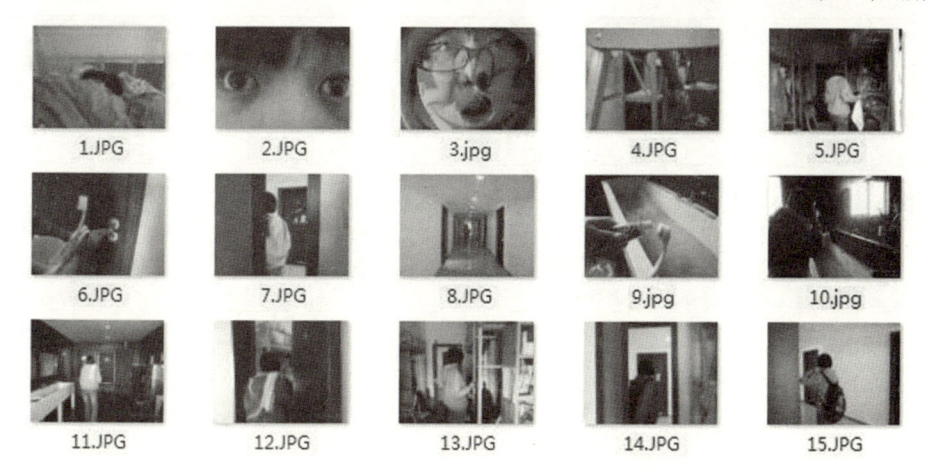

图3-8 照片拍摄

图3-9 图片素材合成

图3-10 照片拍摄和图片素材相结合

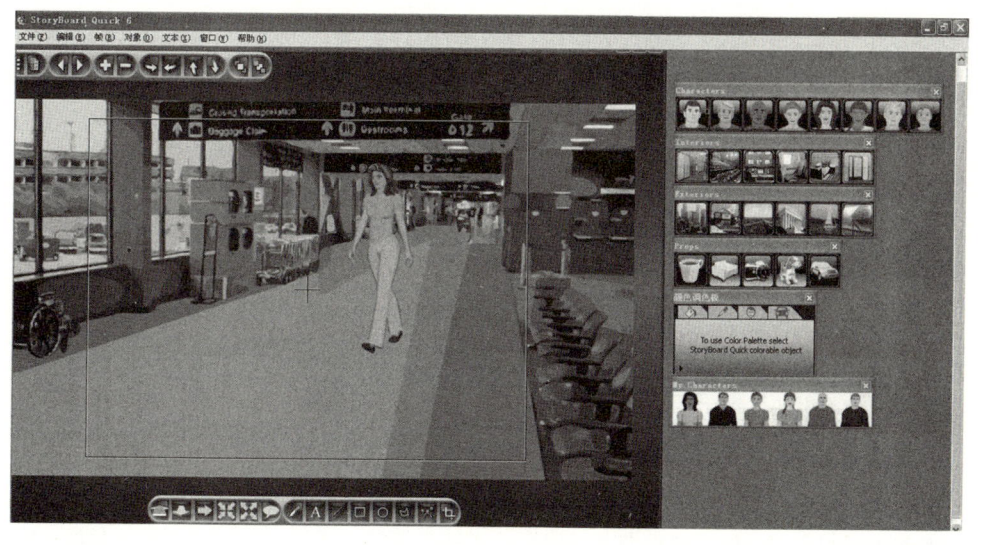

图3-11 使用故事板电脑软件制作

故事板的绘制要考虑：整条片子的长度，每个镜头的时长，镜头画面的文字描述，与镜头画面相对应的声音的文字描述，每个镜头的拍摄方式，镜头与镜头的组接方式等。

3. 故事板制作的要点

高级的故事板制作，有很多技术上的控制技巧。要尽量避免扁平化的场景，画面要以三维的视角来思考，这样画出来会更加生动形象，易于理解。在创作故事板时要把握住：

（1）时间和画幅的把握：节奏舒缓，内容单纯，适当减少画幅；节奏较快，动感强，可适当增加画幅。一般情况下，每个单独的镜头就有必要做一幅故事板画面，而假如是运动型的长变化镜头，那就应该要两幅故事板画面——起幅和落幅。

（2）把故事板做成动态预演：故事板是将广告文字脚本视觉化的产物，它使创意变得具体可见，并可以把未来的摄制效果初步展示出来。要注意把广告的脚本所提供的内容和细节进行具体化、形象化，突出产品的特点和吸引力，充分表达广告的主题。最后，在故事板中一定要画好开头和核心画面。

针对不同的影视广告的创作，故事板有着不同的选择和制作技巧。它让整个创意的镜头感、运动感、层次感都更为清晰和直观。故事板的画面比例最好控制在4∶3或16∶9；故事板需要制作的数量控制在15~20幅/30秒；故事板越接近最终的拍摄广告片越好；故事板要有镜头感、运动感和层次感；故事板要讲述一个完整的故事情节；绘制故事板时要注意结构、透视、灯光、连贯性、人体形态、环境表现和运动方式。

4. 影视广告中故事板的案例分析

例如：雪津啤酒故事板（图3-12）。首先介绍产品是什么，产地是哪里。广告的初衷是向观众讲述产品的信息，接下来就是描绘生产的流程，突出工人的认真和工厂的规模，这些信息能让观众产生充分的信任感。右下角写着该产品所获得的荣誉和奖项，这些都是观众想看到的和必须看到的。接下来的图片就开始描绘创意者天马行空的想象，将啤酒挂在一个热气球上，被带向天空。这是福建的一个著名品牌，热气球也寓意着这个品牌会逐步向上，越来越好。热气球此时带着啤酒飞越大海，寓意着啤酒跨越大海，突破国内市场，成为国际知名品牌。这幅画面就很好地将产品带入到了新的高度。而后啤酒被带向都市的上空，被带过了妈祖庙，飞越了长城，最后飞向蓝天，融入金色的阳光。这些寓意着雪津啤酒逐步在全国范围内被广泛接受和认可。甚至越过民族的界限，被世界各民族的人民所喜爱。这时画面变成了三个人一起在沙滩上手拉着手，一起玩

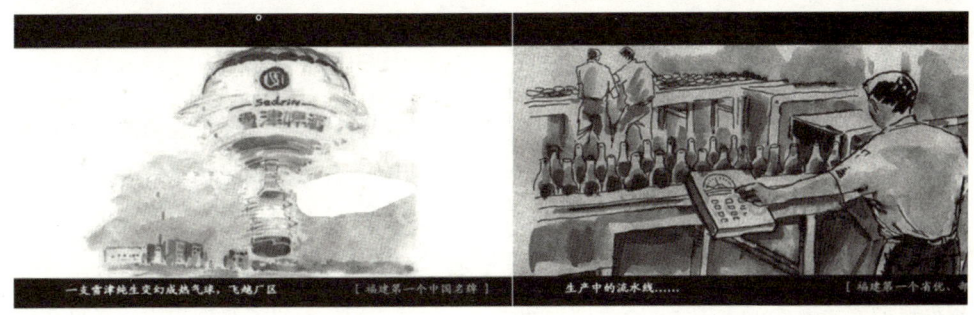

图3-12 雪津啤酒故事板（部分）

要，同时出现了一个画外音，给观众留下悬念。后来三个人在一起开心愉快地碰杯庆祝，直接点题：唯有朋友和真情才是永恒的第一。这张深厚的感情牌，突出了大部分人喝酒的目的，就是希望跟朋友和家人一起，开心地吃喝畅聊。这是中国人娱乐生活中的一种重要形式。啤酒正好是这种娱乐形式的重要工具与手段。这非常契合当下大众的消费心理和习惯。最后一幅直接说到产品的广告语，"你我的雪津，真情的世界"。这句话可以吸引很多的消费者进行消费，清楚地表达了产品的理念和创意，给人带来感动和温暖，将产品的广告升级到新的层次和高度。

  故事板的制作是一个高难度的工作。而在影视广告的制作中，故事板是一个非常重要的工具和手段。故事板能够让广告设计者充分传达广告的设计创意，可以让摄制组理解如何进行拍摄，也能让广告主了解广告的核心思想，决定是否采用这个创意。可以说，故事板是整个影视广告设计中各部门过渡的桥梁和交流的手段。

第四章 "微时代"语境下影视广告的镜头语言表现方法

第一节 影视广告镜头语言的设计要素

一、镜头语言的概念

镜头是影视作品画面表达的基本单位,是指摄像机一次开机到关机连续的、没有间断的过程所拍摄的内容。镜头是语言,是一种表达方式,广义上的镜头语言,是指通过一个或一系列客观形象表达事实和思想的一种语言方式,这种"语言",并非口头语言或话语,而是一种符号、工具和手段,是"一种具有形象价值的具体现实、一种具有感染价值的美学现实、一种具有含义的感知现实"。镜头语言通过一定的思想和逻辑来讲述影视作品的情节、传递情感和表达思想。

二、镜头语言的要素

镜头语言主要是由一个个镜头画面构成的。具体来讲,镜头语言包括:蒙太奇、景别、画面构成、镜头运动方式、镜头拍摄角度等元素。它是一种直观的感官元素,是以直观的、鲜明的方式向受众传达含义的艺术语言,具有强烈的艺术表现力和感染力。任何影视作品,如电影、电视剧、综艺节目、视频新闻等,都必须借助镜头语言才能实现信息和情感的传递。

三、镜头语言的基本知识

第一,景别与构图。

景别是指由于摄影机与被摄体的距离不同,而造成被摄体在电影画面中所呈现出的范围大小的区别。导演和摄影师利用复杂多变的场面调度和镜头调度,交替地使用各种不同的景别,可以使影片剧情的叙述、人物思想感情的表达、人物关系的处理更具有表现力，从而增强影片的艺术感染力。构图包括对画面表现的主次、对比、明暗、远近、虚实等矛盾性要素和关系的处理和确定，与创作者个人的审美观念和习惯相关。影片是连续播放的，它包括时间上的连续性和镜头与镜头之间的连续性关系，这种接续关系对构图有特别的要求。

画面构图就是对画面中的元素进行选择，在空间关系上进行安排、组织、联系和布局，通过运用各种造型元素与结构成分，形成具有较强的表现形式和艺术感染力的画面形态，生动、有力地表现作品的主要内容，突出作品的主题思想。

第二，拍摄方式。

拍摄方式主要包括推、拉、摇、移、跟等。

推：即推拍、推镜头，指被摄体不动，由拍摄机器做向前的运动拍摄，取景范围由大变小，分慢推、快推、猛推，与变焦距推拍存在本质的区别。

拉：被摄体不动，由拍摄机器做向后的拉摄运动，取景范围由小变大，也可分为慢拉、快拉、猛拉。

摇：指摄影、摄像机位置不动，机身依托于三脚架上的底盘做上下、左右、旋转等运动，使观众如同站在原地环顾、打量周围的人或事物。

移：又称移动拍摄。从广义说，运动拍摄的各种方式都为移动拍摄。但在通常的意义上，移动拍摄专指把摄影、摄像机安放在运载工具上，沿水平面在移动中拍摄对象。移拍与摇拍结合可以形成摇移拍摄方式。

跟：指跟踪拍摄。跟移是一种，还有跟摇、跟推、跟拉、跟升、跟降等，即将拍摄与推、拉、摇、移、升、降等20多种拍摄方法结合在一起，同时进行。总之，跟拍的手法灵活多样，它使观众的眼睛始终盯在被跟摄的人体、物体上。

升：上升摄影、摄像机。

降：下降摄影、摄像机。

俯：俯拍，常用于宏观地展现环境、场合的整体面貌。

仰：仰拍，常带有高大、庄严的意味。

甩：甩镜头，也即扫摇镜头，指从一个被摄体甩向另一个被摄体，表现急剧地变化，作为场景变换的手段时不露剪辑的痕迹。

悬：悬空拍摄，有时还包括空中拍摄。它有广阔的表现力。

空：亦称空镜头、景物镜头，指没有剧中角色（不管是人还是相关动物）的纯景物镜头。

切：转换镜头的统称。任何一个镜头的剪接，都是一次"切"。

综：指综合拍摄，又称综合镜头。它是将推、拉、摇、移、跟、升、降、俯、仰、甩、悬、空等拍摄方法中的几种结合在一个镜头里进行拍摄。

短：指短镜头。电影一般指30秒（每秒24格）、约合胶片15米以下的镜头；电视一般指30秒（每秒25帧）、约合750帧以下的连续画面。

长：指使用了较长时值的长镜头。一个镜头可以界定在30秒以上的连续画面。

对于长、短镜头的区分，世界上尚无公认的"尺度"，上述标准系一般而言。历史上有希区柯克《绳索》中耗时10分钟、长到一本（指一个铁盒装的拷贝）的长镜头，也有短到只有两格、描绘火光炮影的战争片短镜头。

反打：指摄影、摄像机在拍摄二人场景时的异向拍摄。例如拍摄男女二人对坐交谈，先从一边拍男，再从另一边拍女（近景、特写、半身均可），最后交叉剪辑构成一个完整的片段。

变焦拍摄：摄影、摄像机不动，通过镜头焦距的变化，使远方的人或物清晰可见，或使近景从清晰到虚化。

主观拍摄：又称主观镜头，即表现剧中人的主观视线、视觉的镜头，常有可视化的心理描写的作用。

第三，画面处理技巧。

淡入：又称渐显。指下一段戏的第一个镜头光度由零度逐渐增至正常的强度，有如舞台的"幕启"。

淡出：又称渐隐。指上一段戏的最后一个镜头由正常的光度，逐渐变暗到零度，有如舞台的"幕落"。

化：又称"溶"，是指前一个画面刚刚消失，第二个画面又同时涌现，二者是在"溶"的状态下，完成画面内容的更替。其用途：①用于时间转换；②表现梦幻、想象、回忆；③表现景物变幻莫测，令人目不暇接；④自然承接转场，叙述顺畅、光滑。化的过程通常有三秒钟左右。

叠：又称"叠印"，是指前后画面各自并不消失，都有部分"留存"在银幕或荧屏上。它是通过分割画面，表现人物的联系、推动情节的发展等。

划：又称"划入划出"。它不同于化、叠，而是以线条或用几何图形，如圆、菱、帘、三角、多角等形状或方式，改变画面内容的一种技巧。如用"圆"的方式又称"圈入圈出"；"帘"又称"帘入帘出"，即像卷帘子一样，使镜头内容发生变化。

入画：指角色进入拍摄机器的取景画幅中，可以经由上、下、左、右等多个方向进入。

出画：指角色原在镜头中，由上、下、左、右离开拍摄画面。

定格：指将电影胶片的某一格、电视画面的某一帧，通过技术手段，增加若干格、帧相同的胶片或画面，以达到影像处于静止状态的目的。通常，电影、电视画面的各段都是以定格开始，由静变动，最后以定格结束，由动变静。

倒正画面：以银幕或荧屏的横向中心线为轴心，经过180°的翻转，使原来的画面由倒到正，或由正到倒。

翻转画面：是以银幕或荧屏的竖向中心线为轴线，使画面经过180°的翻转而消失，引出下一个镜头。一般表现新与旧、穷与富、喜与悲、今与昔的强烈对比。

起幅：指摄影、摄像机开拍的第一个画面。

落幅：指摄影、摄像机停机前的最后一个画面。

闪回：影视中表现人物内心活动的一种手法。即突然以很短暂的画面插入某一场景，用以表现人物此时此刻的心理活动和感情起伏，手法极其简洁明快。"闪回"的内容一般为过去出现的场景或已经发生的事情。如用于表现人物对未来或即将发生的事情的想象和预感，则称为"前闪"，它同"闪回"统称为"闪念"。

蒙太奇：法文montage的音译，原为装配、剪切之意，指将一系列在不同地点、从不同距离和角度、以不同方法拍摄的镜头排列组合起来，是电影创作的主要叙述手段和表现手段之一。它大致可分为"叙事蒙太奇"与"表现蒙太奇"。前者主要以展现事件为宗旨，一般的平行剪接、交叉剪接（又称为平行蒙太奇、交叉蒙太奇）都属此类。"表现蒙太奇"则是为加强艺术表现与情绪感染力，通过"不相关"镜头的相连或内容上的相互对照而产生原本不具有的新内涵。

剪辑：影视制作工序之一，也指担任这一工作的专职人员。影片、电视片拍摄完成后，依照剧情发展和结构的要求，将各个镜头的画面和录音带，经过选择、整理和修剪，然后按照蒙太奇原理和最富于艺术效果的顺序组接起来，成为一部内容完整、有艺术感染力的影视作品。剪辑是影视声像素材的分解重组工作，也是摄制过程中的一次再创作。

第二节　影视广告镜头语言的设计策略

一、运用镜头语言进行品牌定位

影视广告的定位来源于对广告传播途径、品牌和商品的信息以及目标群体的认知特征和心理等进行系统的分析，然后基于广告定位进行镜头语言的设计。不同的目标群体，在艺术形式上的喜好差异是显而易见的，不同的目标群体所能认知和产生情感共鸣的镜头元素等都不相同，依据广告定位来设计被他们理解、刺激情绪反应、产生共鸣的镜头元素，才能真正潜移默化地向受众传播品牌和商品的信息，最终影响他们的消费行为。

例如：《麦当劳之机场救爱》（图4-1）镜头语言设计。

夜幕低垂，紧凑的音乐旋律弥漫，机场门口，行人匆匆。一架飞机从机场暮霭萦绕的天空边缘划过，渲染出一种离别时的忧伤情调。紧接着是一辆汽车驶入机场门口的画面，男主角慌忙地下车，车的引擎还未来得及熄灭，他就甩手关上车门，手里紧握着露

图4-1 《麦当劳之机场救爱》广告 截图

出麦当劳红色"M"标志的物品，神色慌张地狂奔进机场，在机场入口处，男主角眉头紧皱，镜头锁定在客机时刻表上，一列显示着"17：45 Paris"的航班即将起飞，播音员正在催促旅客登机，这时，男主角气喘吁吁地继续奔跑……

镜头变换，排队进行安检的人群队列里，一位神色忧郁的穿着白色套装的女人进入镜头，她目光呆呆的，仿佛沉浸在思绪里，直到被播音员催促登机的播音打断，她才缓过神来，继续向前排队。

广告一开始，如果不注意男主角来机场的时候，并不是乘着出租车来的，镜头也没有出现女主角，有的人可能会有一种这个广告就是在描述一个人在急着赶航班的错觉。但是女主角的出现，加上哀婉深情的音乐旋律背景，立刻让人感受到这不是一般的赶航班，也不是一般的送行。

接下来的一组镜头：男主角在机场里横冲直撞，跌跌撞撞地奔向女主角，让人心头一阵发紧，也能感受到男主角对女主角的情深义重，就在画面上出现男主角通过指示牌的时候，镜头快速变换，女主角艰难地挤出笑容，向安检人员出示自己的证件，马上就要通过安检通道登机，让人的心一下子提到了嗓子眼。镜头再次转向男主角，男主角在另一个通道看到了女主角，于是男主角就从那个通道跳到女主角所在的通道里，全然不顾撞到周围的行人，在人群里左冲右突，跳跃着喊着爱人的名字，急切地奔向女主角，女主角转过身去，两个人四目相对，就这样，男女主角走进一个镜头里，一次非同寻常的送行里注定有一个非同寻常的故事要开始了……

男：Kate... Kate... ?Stop!

女：It's too late!

男：I can't let you leave...without sharing this 2 for 1 cinema offer with you. I got it with a large Big Mac meal .We can get it with any large meal or a premium salad.

女：You stand in front of me with that cinema offer...I am going nowhere.

男主角深情地，几乎带着哭求的语气呼喊着他心爱的人的名字"Kate"，请求他的爱人留下来，然而他的爱人刚开始是很决绝地说："It's too late!"（"太迟了！"）这时男主角拿出了一张吃麦当劳巨无霸得来的"2 for 1"的电影票，目的就是想在分别的时候和他的爱人一起看场电影，一起吃顿麦当劳，像往常一样，酸甜苦辣都要和心爱的人一起分享。此时此刻，往日种种的幸福美好画面浮现在脑海，激荡在胸怀，化作一对爱人眼中打转的泪花，这一刻，女主角终于感受到男主角是多么爱她，于是回心转意，决定留下来，于是告诉他："I am going nowhere ."（"我哪儿也不去。"）

男女主角开始热烈地拥吻……

一段多么美好的救爱成功的故事，这是谁的功劳呢？旁白音提示："Get carried away by movie magic. We McDonald 2 for 1 cinema tickets."（去感受电影的魔幻吧，买麦当劳巨无霸享电影票半价优惠。）

在画面上周围的人们见证这段美好的爱情的同时，画面淡出，爱已成永恒，镜头平滑过渡，麦当劳以品牌标志和感人的"爱情誓言"——"M"和"ANY FILM-ANY TIME-ANY DAY"（每时每天好电影）收尾，其品牌和商品也自然在人们心中随着一段美好的爱情故事而被人们铭记。

无论是剧本、小说还是诗歌，爱永远是永恒不变、万古常新的题材。麦当劳这则非常具有创意、非常成功的广告，它的成功之处也是借助了"爱的魔力"，通过紧凑、曲折的情节，寄予爱的主题，巧妙地让人们记住了自己。不仅如此，这则广告还使人们感觉到分享麦当劳的温馨与浪漫，自然有效地刺激了人们的购买欲。总之，这则广告在内容、情节安排和音乐背景配置方面都几近完美。

影视广告的设计风格统一可以使得品牌和商品的各种营销策略之间相互呼应，强化品牌形象，在多个不同的广告媒介和广告形式之间，引起消费者对整个品牌的认知和共鸣。因此，影视广告的镜头语言必须能够加强影视广告与品牌整体营销战略的联系。如果影视广告的蒙太奇、景别等镜头语言的元素，能与商业影视广告相联系，那么商业影视广告营造的品牌知名度和影视广告使受众产生的移情效果就可以在受众的潜意识中成为品牌形象的整体回路，提升两者的广告效果。

例如：NOKIA之"天使传情"广告（图4-2）的品牌镜头语言设计。

图4-2 NOKIA之"天使传情"广告 截图

雷声滚滚，屋外雨声潺潺，画面中，一个女孩落寞地拿起水壶开始倒水。镜头转换，一首动听的爱情歌曲缓缓奏起，在另一个国度，喧闹的街道上，一个男孩递给路人一款NOKIA手机，正在请求一个路人给他在教堂前面拍照，教堂门前悬挂的牌子上印着"CHURCH OF GOOD WILL"的标语。当路人按动了快门，镜头转换到女主角，此时的她端着茶杯，落寞地站在窗前，望着雷声不断、风雨交加的窗外不由地对恋人开始思念，一道雷声炸开，雷鸣声中镜头做了及时的转换。此时的男主角来到一个地下商场的柱子前，柱子上围着"YOU ARE HERE"的标语，男主角环绕柱子上的标语，做了一个爱心的手势，进而又虔诚地跪下，想象着向他心爱的女孩求婚。这时女主角的画面从男主角的右面切入，仿佛男主角就真的跪在了女主角的面前一样。接下来的画面是光线柔和的屋内，女主角坐在凳子上和面前桌子上的猫玩耍，加上连续的音乐背景，更添几分爱的思念。画面以折纸的形式转换，男主角走到一座名为"ROSE & MARY"的玫瑰花店前开始了他的第三次留影，接下来镜头仍然锁定男主角，只见男主角走到路旁的一处公共厕所前，用手比画着厕所上的男士标志"MEN"，与前面三次画面中男主角拍照留影然后转换镜头不同，如果说前面单个镜头每一个镜头都带着小小的悬念，那么这个对于男主角的镜头，则更是一个哑谜。对男主角用手机发信息做了一个特写后，接下来画面中，女主角身后桌子上的振动的手机惊动了她，当她打开手机里的信息，男主角一张张俏皮的照片翻转，女主角幸福地捂着嘴开始笑起来，谜底揭开：聪明的男主角选取每处场景的其中一个词组合起来向心爱的女孩表达他的求婚愿望，连起来就是"WILL YOU MARRY ME"。最后一幕画面：男主角正坐在路旁的长椅上等待他心爱的人的答复，尤其要注意的是男主角斜背后一辆车挡住了一个标牌只显露出一个"NO"，然而当男主角站起来接他心爱的人的电话时，那辆车启动露出了完整的"NOKIA"标志，从男孩接电话的兴奋的举止表情之中，我们可以知道他的心上人一定答应了他的求婚。当车挡住广告牌时，男主角仿佛一副失落的样子，与身后的"NO"字"遥相呼应"；那辆车开走，露出"NOKIA"的标志，不由得让人虚惊一场，两个恋人终成美满，让人们间接感受到是"NOKIA"为男主人公传情，成就了这段美好姻缘，NOKIA的美好品牌形象由此深入人心，这是NOKIA广告的点睛之笔。

　　这则广告讲述了一个美好的爱情故事，深深地打动人心，选择动听的爱情歌曲作背景音乐也恰到好处，使整个故事的发展自然流畅、美好动人。广告设计者巧妙地运用手机图片传情达意这一基本方式，在演绎动人的爱情故事的同时，并不显做作地表现"NOKIA"这个品牌，比如男主角拍照时，女主角接电话时，特写镜头很自然地把手机上NOKIA品牌logo融入进去，尤其最后的设计，更从整体塑造NOKIA的品牌形象。这则广告在故事情节和品牌表现上权衡得非常好，堪称经典之作。

二、镜头语言规划的策略

镜头语言设计和规划的策略主要有三个要点：

第一，镜头运动的方向设计。在影视作品的镜头中，一切事物进出的活动都具有相对的"方向合理性"，观众也是依此判断方向感和节奏感，不应破坏影视作品的连续性。

第二，要以具化品牌和产品的诉求点为目的设计镜头语言，强化镜头语言的暗示效果，激活情绪反应。影视广告信息的到达度、受众潜意识的情绪反应和共鸣都可以通过巧妙的镜头语言设计达到事半功倍的效果。

第三，以承担加强品牌和商品信息显著度的任务来设计镜头语言。影视广告在实际操作的过程中，必定会受到拍摄条件等客观因素的影响和限制，通过镜头语言巧妙地安排和引导，加强品牌和商品信息的辨识度和显著度，是镜头语言设计的重点之一。

第三节 影视广告镜头语言的表现方式

一、变换角度的表现方式

影视作品与平面广告之间的差别就在于平面广告是静态的，而影视作品可以运用正在运动着的画面凸显其真实性，这种运动是具有双重性的，不仅仅是表现在画面中拍摄的物体上，还可以表现在摄影机的角度变换中。

镜头角度指摄影机镜头与被拍摄物体水平之间形成的夹角，这种夹角的方向与角度的改变都可以改变观赏者的视觉效应，产生不同的心理感受，例如最常用的拍摄角度是平视，随之而生的心理感受则是平等；而仰视的角度拍摄人物时可以塑造其高大、伟岸的形象。在实际操作中，镜头变换角度可将镜头语言划分为运动镜头和固定镜头，运动镜头的角度变换可以形成空间角度的变化与内容的变化，在变化的过程中能转换观赏者的注意力，提升影片的整体表现力。

二、运用特写的表现方式

特写是指影片中集中放大拍摄人物的面部表情、某一肢体语言或物体的画面。特写可以使观赏者注意力集中在日常会被忽略的事物上，用心体会人物的情绪与感受，丰富影视作品的表现力。

三、主观镜头的表现方式

主观镜头（图4-3）是一种镜头的运用方法。把摄影机的镜头当作剧中人的眼睛，直接"目击"生活中其他人、事、物的情景。它代表了剧中人物对人或物的主观印象，带有明显的主观色彩，可以使观众产生身临其境、感同身受的效果。人物远眺湖光山色或环境背景的镜头，交替拍摄两个人中一方的镜头，大都是主观镜头。还有一种主观镜头，与当时人物的所处情境、行为动作、思想情绪相结合，使镜头本身代表角色参加了表演，如表现醉汉踉跄行进，就出现时快时慢摇晃移动着的街景镜头。这种主观镜头，使观众处于剧中人的角色，更直接地去感受剧中人的活动和思想感情的变化，从而产生强烈的艺术效果。

例如：在电影《泰坦尼克号》中，导演卡梅隆为了使观众能够与电影的两位主人公尽量接近，就多次使用主观镜头，比如当杰克第一次来到一等舱时，镜头从他的视角出发来环视豪华的大楼梯，或是在泰坦尼克号沉没时镜头与主人公一同没入深处。

图4-3 主观镜头

另外，主观镜头的使用主要表现的是人物的内心主观世界、惊险刺激的效果或喜剧效果。使用主观镜头语言的表现方式可以通过镜头的视觉效果拉近观众与影视广告中真实情境的距离，进而提升影视广告的艺术性与表意性。

四、蒙太奇语言的表现方式

常用的镜头语言表现方式中最重要的是蒙太奇语言的表现方式。蒙太奇一词最初在建筑学中使用，是指装配、构成、组装，随着时间的推移逐渐与艺术相结合，在影视作品中表现为将有时间顺序或其他规律的镜头相互连接起来播放。这不仅仅是一种镜头的组接方式，同时也是一种富有创意的表现方法。例如：农夫山泉捐助篇广告（图4-4），留守儿童的不同画面的组接就是运用了心理蒙太奇手法，伴有简单的文字说明，唤醒观众的同情心，并达到宣传目的，树立企业形象。

总体来说，蒙太奇镜头语言的表现手法主要分为四种，分别是抒情蒙太奇、心理蒙太奇、隐喻蒙太奇、对比蒙太奇。

第一，抒情蒙太奇。通过蒙太奇的剪辑方式，表达出甚至超越本身含义的情感升华方式。如果用写作的方式来表达，那就是用多种修辞手法，绘声绘色地进行情节的描述。在表现具有深刻含义的事情时，将情节进行解构，分为一连串的近景或特写，这样可以从各种层面联系事情的本质，也可以烘托事情的特征。抒情蒙太奇也是受众最能够真切感受到的一种蒙太奇表现手法。

第二，心理蒙太奇。是人物心理描写的重要手段，它通过画面镜头组接或声画有机结合，形象生动地展示出人物的内心世界，常用于表现人物的梦境、回忆、闪念、幻觉、遐想、思索等精神活动。这种蒙太奇在剪接技巧上多用交叉穿插等手法，其特点是

图4-4 农夫山泉捐助篇广告 截图

画面和声音形象的片断性、叙述的不连贯性和节奏的跳跃性，声画形象带有剧中人强烈的主观性。

第三，隐喻蒙太奇。隐喻蒙太奇通过镜头或场面进行类比，含蓄而形象地表达创作者的某种寓意。这种手法往往将不同事物之间某种相似的特征突显出来，以引起观众的联想，领会导演的意图和突出事件的情绪色彩。

第四，对比蒙太奇。对比蒙太奇类似文学中的对比描写，即通过镜头或场面之间在内容（如贫与富、苦与乐、生与死，高尚与卑下，胜利与失败等）或形式（如景别大小、色彩冷暖、声音强弱、画面动静等）上的强烈对比，产生相互冲突的作用，以表达创作者的某种寓意或强化所表现的内容和思想。

总的来说，影视广告镜头语言以品牌推广为根本目的，具有承上启下的叙事功能，能够体现品牌的正面形象，达到令消费者的情感触动，最终产生购买行为的目的。

第五章 "微时代"语境下影视广告的镜头组接的方法

镜头组接，是影视广告的二度创作。它是根据影片的要求对镜头素材进行选择，然后寻找最佳剪接点对镜头进行重新组合、排列，并对声音进行加工与处理，最后完成声画合成的过程。总的来说，是在后期剪辑中对前期拍摄的素材所做的加工处理。

第一节 影视广告镜头组接的基本原则

一、镜头组接的概念

镜头组接是根据一定的逻辑性、意识性、创意性和有序性将影视作品中的每一个单独的场景、单独的画面连接起来，这一过程行为即镜头组接。

例如：以同一物体为画面主体，同时用8个摄像机以不同角度来拍摄镜头，从各个机位来收集比较好的影视素材，然后后期剪辑师再根据素材来选择一个恰当的剪辑点，将这些镜头画面组接起来，这就是镜头组接的大致意思（图5-1）。

不同类型的镜头，在表现事物时有着不同的作用。例如：远景镜头用来交代事物发

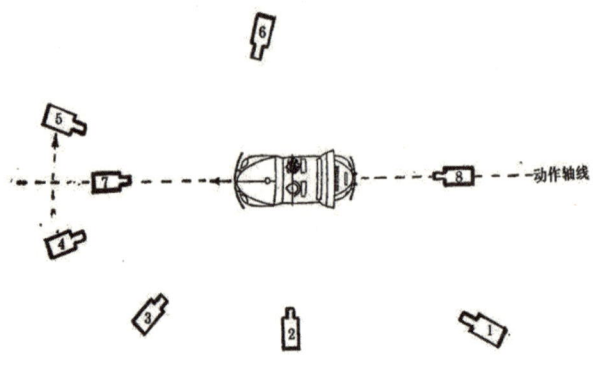

图5-1 "相机位"镜头机位示意

生的地点及其周围的环境，也用来表示宽广、辽阔的场面，展示雄伟壮观的气势；近景镜头可用来突出表现人物的情绪和幅度不太大的动作；客观镜头用来客观地叙述所发生

的事情，而主观镜头带有强烈的主观性和鲜明的感情色彩，容易使观众在思想上产生共鸣等。各类型的镜头对于表现主题具有不同作用。

二、镜头组接遵循的规律原则

1. 镜头组接遵循的基本原则

一部影视广告作品是由许许多多的镜头按照一定的规律和原则组接起来，再形成一个统一的连贯的整体展现在大众面前。创作出一部成功的影视广告作品的前提就是遵循一定的规律和原则。

第一，逻辑顺序原则。镜头的组接必须符合观众的思想方式和影视表现规律。镜头的组接不能随意，要符合生活的逻辑和观众思维的逻辑。主题与中心思想一定要明确，这样才能根据观众的心理要求即思维逻辑来考虑选用哪些镜头以及怎样将它们有机地组合在一起。

第二，轴线规律原则。即遵循镜头调度的轴线规律。所谓的"轴线规律"是指拍摄的画面是否有"跳轴"现象。在拍摄的时候，如果拍摄机的位置始终在主体运动轴线的同一侧，那么构成画面的运动方向、放置方向都是一致的，否则称为"跳轴"，"跳轴"的画面一般情况下是无法组接的。在进行组接时，遵循镜头调度的轴线规律拍摄的镜头，能使镜头中的主体物的位置、运动方向保持一致，合乎人们观察事物的规律，否则就会出现方向性混乱。比如拍摄踢足球场景时，甲队射左方球门，乙队射右方球门，若有一台摄像机从相反方向拍摄，看上去就变成甲队也射右方自己防守的球门了。

第三，组接连续原则。景别的过渡要自然、合理，表现同一主体的两个相邻镜头组接时要遵守以下原则：首先，两个镜头的景别要有明显变化，不能把同机位、同景别的镜头相接。因为同一环境里的同一对象，机位不变，景别又相同，两镜头相接后会产生主体的跳动。其次，景别相差不大时，必须改变摄像机的机位，否则也会产生明显跳动，好像一个连续镜头从中截去一段。对不同主体的镜头组接时，同景别或不同景别的镜头都可以组接。

第四，动静结合原则。镜头组接要遵循"动接动"、"静接静"的规律，如果画面中同一主体或不同主体的动作是连贯的，可以动作接动作，达到顺畅、简洁过渡的目的，我们简称为"动接动"。如果两个画面中的主体运动是不连贯的，或者它们中间有停顿时，那么这两个镜头的组接，必须在前一个画面主体做完一个完整动作停下来后，再接上一个从静止到运动的镜头，这就是"静接静"。"静接静"组接时，前一个镜头结尾停止的片刻叫"落幅",后一镜头运动前静止的片刻叫作"起幅",起幅与落幅时间间隔大约为一二秒钟。运动镜头和固定镜头组接,同样需要遵循这个规律。比如,一个固定镜头要接一个摇镜头,则摇镜头开始时要有起幅;相反地,一个摇镜头接一个固定镜头,那么摇镜头要有"落幅",否则画面就会给人一种跳动的视觉感。有时为了实现某种特殊效果,也有静接动或动接静的镜头。

第五,色彩统一原则。光线、色调的过渡要自然。在组接镜头时,还应该注意相邻镜头的光线与色调不能相差太大,否则也会导致镜头组接的突然,使人感到不连贯、不流畅。

第六,由表及里原则。景别的过渡要遵循"由表及里,由浅入深"的原则。导演在拍摄镜头的时候,要注意每一个景别的内容既不宜过分紧张,又不能一味地保持一成不变。这是因为,如果一个场面的内容尤其剧烈,那么这个景别就不容易与其他景别组接在一起,会有跳跃或者打结等不流畅感;但如若景别内容基本没有变化,与其他景别组接一起要么会出现不流畅之感,要么剧情不能正常发展下去。因此,在拍摄期间就要注意"由表及里,由浅入深"的循序渐进原则。

2. 镜头组接遵循的基本规律

第一,与不同景别镜头相匹配。

组接中对景别的变换并没有一个成文的法则,一般主要根据内容需要考虑叙述清晰,表意准确,视觉流畅。例如,在描写事件过程中为了达到层次清楚,常用不同景别的镜头来表达,一般中景、近景和全景、特写以及远景的镜头约各占1/3。为了达到画面平稳流畅,既要避免用相同景别的镜头组接在一起,又要使正常时景别变化不宜太大。同时,远视距景别中的主体动作部分要多留一些画面(约占2/3),近视距景别中主体动作部分的画面可少留一些(约占1/3),防止产生视觉跳动感。为了渲染某种特定的情绪气氛,可使用特写—远景或远景—特写的两级镜头组接等。另外,景别不同所含的内容多少也不同,要看清一个画面所需的时间自然也就不一样。对固定镜头来说,看清一个全景镜头至少约需6秒,中景至少要3秒,近景约1秒,特写1.5~1.8秒。当然一个镜头的实际长短要根据内容、节奏、光照条件、动作快慢、景物复杂程度的需要灵活掌握。

第二,与画面主体的位置相匹配。

描述只有一个方向(沿水平横向或斜线横向)运动的主体,在前后画面中应保持运动方向一致。描述由相反横向斜线组成环形运动的一个主体,在前后画面中应设有明显标志的参照物,暗示主体运动的方向。而当两个相反方向的主体相向运动时,可用交替出现的方式来描述双方即将相遇的情景,同时可让主体画面分别越来越清晰,画面长度越来越短,以加强冲突的气氛。描述逆向或背向摄像机的主体,纵向画面无论前进或后退都是一种中性运动（类似静止画面），可以和任何运动方向画面组接，但动静之间要加暗示改变方向的中性镜头（即运动方向主体的起幅或落幅）过渡。

第三，与摄像机镜头方向相匹配。

摄像机镜头的运动相当于画面的画框相对于被摄主体的外部运动，而被摄主体在时间和空间上都是连续变化的，是内部运动。若用一个连续的长镜头拍摄，则屏幕上很容易辨清被摄主体的运动方向。但用镜头语言来描述被摄主体，总是先将一个完整动作在时空上分解，然后通过片段组合连接的方法来反映。所以在屏幕上，主体的运动在空间上会出现跳跃感。如果将不同侧面拍摄的画面组接在一起，屏幕上主体运动的方向还会出现混乱。为了避免这种混乱，摄像机机位必须遵守180°总角规则。即被摄主体运动时，必须将机位选在被摄主体假想运动轴线的同一侧，否则，就会出现"跳轴"。万一前期拍摄中出现这样的"跳轴"镜头，在后期编辑工作中必须采取相应的补救措施。常用的校正方法如下：通过对不同景别、不同角度、不同方向、不同长度、不同速度、不同色调等各种画面镜头的叙事和表意，使人们产生各种不同的视觉感受。镜头组接时可以任意改变镜头的时间和空间，可以剪切掉一些过场画面，但是要有助于突出主体，加强视觉感受和对事物本质的认识，而不能影响人们对画面段落和场景所反映主题的理解。否则，将出现视觉语言不完整、交代不清的错误。

第四，与静态主体视线方向相匹配。

画面中人在静态时的视向与前后画面中人或景物画面的动向有着密切的关系，只有主体在静态和动态时都保持一种设定方向的连续性，才能保证前后画面中主体动向和视向的一致性。在静态屏幕画面中虽没有动态画面中的动作轴线，但处于静态中的人物主体之间却存在着一条假想的关系轴线（与运动轴线不同，它始终是一条直线），摄像机只能在这条关系轴线同一侧180°的一个半圆内移动拍摄，否则，也会造成"跳轴"错误。"跳轴"时前后画面上人物位置不仅相反，而且人的注视方向也会相反。为了避免前后两画面主体出现"跳轴"错误，应注意每个画面的起幅或落幅，特别是落幅主体的视向以及动作、位置一致。因为一个画面的结束就是下一画面的起始，若结束轴线与镜头开始不同，就要在镜头结束前从主体间重新设定一条新轴线。

第五，与画面中主体动作相匹配。

要达到被摄主体本身运动、摄像机的主观运动以及画面组接造成的主体运动的内在协调，关键是寻找主体动作最佳的组接点，即"接动作"。由于画面中一个完整的主体动作是被分解为一系列不同方向、不同角度、不同景别、瞬间变化的动作片段后再组成的，所以组接时为了保证主体动作的连贯，最佳组接点的选择应遵循"接动作"原则。否则，主体动作就会产生跳跃感。所谓"接动作"原则：指主体动作最佳组接点通常应选在动作变换的瞬间转折处（静接静），或者在动作过程之中（动接动）进行切换。

固定镜头与固定镜头或固定镜头与运动镜头相同主体的组接，应根据"静接静"和"静动之间加过渡"的原则进行切换。例如，静接动时，由静到动的瞬间应接入一个运动镜头起始动作的静止画面（起幅）过渡，以保持主体由静到动的流畅转换。运动镜头与运动镜头相同主体的组接，应根据"动接动"的原则。动接动、静接静的组接点均不需起幅或落幅过渡。另外，还应注意各种运动镜头组接起来后，要尽量保持运动方向一致，和前后画面两种运动速度的和谐统一，以及掌握好由主体运动、镜头长短和组接形成的事件情节发展的轻重缓急，即节奏感。

第六，与人们的生活逻辑相匹配。

所谓生活逻辑是指事物发展过程中在时间、空间上连续的纵向关系和事物之间各种内在的横向逻辑关系，诸如因果关系、对应关系、冲突关系、并列关系等。一是时间上要有连贯性，在表现动作或事件时，要依据其变化发展的时间进程安排有关镜头，让观众感受正确的时间概念。如表现运动会上百米赛跑的情景，第一个镜头是运动员在起跑线上各就各位，第二个镜头是特写，支撑在红色跑道上的运动员的双手；第三个镜头是特写，紧蹬在起跑器上的双脚；第四个镜头是发令枪举起；第五个镜头是运动员脸部，发令枪响，起跑；第六个镜头是跑道上激烈争夺；第七个镜头是冲刺。这7个镜头及其连接反映了这一运动过程的时间进程。二是空间上要有连贯性，事情发展要有同一空间，同一空间是指事件发生的特定空间范围，它是表现一个空间范围内发生的事情和它们的活动，这种空间统一感主要是靠环境和参照物提供的。三是建立事物之间的相关性，事物之间往往具有某种关系，在编辑中交替表现两个或更多的线索时，应清楚地交代线索之间的联系或冲突。

第二节 影视广告镜头组接的设计策略

影视广告的制作离不开镜头的组接，为了凸显广告的中心内容即产品，在组接的过程中按照重要和次要部分划分开段落，广告镜头有段落感，有主次之分，则观众能更容易体会到广告宣传的内容重点。影视广告镜头组接的过程中主要的设计策略如下：

一、素材的挑选策略

一般的原则就是选取富有良好剧情性和代表性的选段，这些所选的段落要符合所追求的意境。首先，我们依据前期准备拍摄的主旨思想，去粗取精，要遵循甚至是服从编剧和编导的创作意图，最终选取的素材要和主题完美地融合。例如，说视频中有不合理的地方，或者说后期无法掩饰的素材，应舍弃。其次，对不符合主旨表达意思的元素进行舍弃，不符合多指的是不能体现主体思想的素材。第三，在备用素材里多次筛选对比，选择意境更好的，更能表现意境的素材（图5-2）。

图5-2 "镜头组接"示意

二、节点的选择策略

当我们有了自己的剪辑想法，还须依据现实状况，同时也要看两个画面之间是否有好的连贯因素，选择一个不突兀而又合理的剪辑点。在理论上，剪辑有五大剪辑点，一是叙事剪辑点，二是动作剪辑点，三是情绪剪辑点，四是节奏剪辑点，五是声音剪辑点。

例如：叙事剪辑点。所谓的叙事就是让观众看清楚事情发展的过程，按情节发展所需的交代，这是影视中最基础的剪接依据。叙事剪辑点的选择是为了更好地为故事服务，在故事中如何安排悬念，如何使事件的发展更有生活逻辑性。在情节的营造上，合理的故事性、巧妙的情节安排都可以使影片获得成功，当然这只是一方面的因素，影片的成功另一方面还要依赖于叙事剪接，所以在叙事剪辑点上的选择就尤为重要了。我们判断叙事剪辑点的依据来源于生活的逻辑性，影视所遵从的是两大逻辑性，一个是客观生活逻辑性，一个是视听语言手段的逻辑性。观察生活能够让我们在对故事的安排上增加许多观众能够接受的叙事方式，对镜头之间的叙事剪辑点的选择，取决于镜头给予观众的信息量，不同信息量镜头之间的选择安排可以影响到观众对整体故事的理解和把握，因而镜头之间的剪辑点选择既不能太过于拖泥带水，又不能缺斤少两。影视片里蕴含了大量信息，人们更关注影视片中表现事物自然进程的两个因素：一是主题的各方面的表现，二是该事物引发观众注意的兴趣点和情绪点。因而剪辑时在注意故事的合理性的同时也要为故事安排好它所能传达给观众的信息。

例如：动作剪辑点。目的是为了保证主体动作的连贯性。动作剪辑固然也是为叙事服务，不过它更着眼于镜头外部动作的连贯，动作连贯性可以增加镜头间的流畅感。动作上的剪辑问题有两种方法去解决，一种是第一个镜头中演员的动作处于微动势，也就是动作处于即将要做出的状态，下个衔接镜头中再将动作全部完成，动势感能够弥补镜头中景别跳跃问题，也可使视觉上更流畅。而第二种解决方法是第一个镜头中演员完成整个动作的1/4，下个镜头完成动作的3/4。这里还需要注意人眼的视觉滞留现象，第一个镜头的动作停顿处到下个镜头接着动作完成之间有2~3帧的跳跃，将这2~3帧剪去后，就毫无视觉的跳跃感了。镜头组接图例如图5-3所示。

图5-3 "镜头组接"截图

三、镜头的组接策略

影视广告中镜头的组接方法,一般可分为技巧组接和无技巧组接两大类。

1. 技巧组接

技巧组接就是利用特技信号发生器产生的特技将两个镜头连接起来,其特点是:既能使两个镜头平滑过渡,又能在视觉上形成明显的段落感。技巧组接有着明显的人工和特技机的痕迹,能形成比较明显的段落感,一般被用作较大段落之间的转换。特技的形式很多,但适合用作镜头之间组接的特技是有限的。通常使用的技巧有:

(1)淡入淡出。上一个镜头的清晰度、色彩、饱和度逐渐淡下去,淡成白场或黑场,下一个镜头的清晰度、色彩、饱和度从白场或黑场逐渐浓起来,直至正常值,这样的转场过程,前一部分叫淡出,后一部分叫淡入。淡入淡出的过程时间一般为2~4秒,但是根据影片需要,淡入淡出的时间可长可短。淡入淡出使上下两镜头有明显的分隔,常用来分段,表示一个比较大的完整段落的结束和另一大段落的开始,经常用在影片的开头和结尾部分。如果淡入淡出的时间很短,比如只有8帧或者12帧,而且是连续几个镜头采用这种相同的形式,则可以表示一种独特的艺术形式,即人的眼睛不断闭合的过程中所看到的事物。

(2)叠化。指前一个镜头的画面和后一个镜头的画面相叠加,前一个镜头的画面逐渐隐去,后一个镜头的画面逐渐显现的过程,两个画面有一段过渡时间。叠化特效主要有以下几种功能:一是用于时间的转换,表示时间的消逝;二是用于空间的转换,表示空间已发生变化;三是用叠化表现梦境、想象、回忆等插叙、回叙场合;四是表现景物变幻莫测、目不暇接。比如:"枯枝"叠化"花满枝",表示换一个季节;走路的小脚叠化成人的大脚,表达主体人物长大的含义等。因为在"叠化"过程中,前后两段的两个镜头的画面有短时间的重合部分,能给人以二者有密切联系的感觉,它可以形成因果、象征、比喻、对比的修辞作用。例如,一个小孩在吃汉堡叠化一个在街头乞讨要饭的孩子,可形成强烈的对比效果。此外,"叠化"也常用于省略过程,用于表示相隔较长的时间推移。

(3)扫换。也称划像,可分为划出与划入。前一幅画面从某一方向退出荧屏称为划出,下一幅画面从某一方向进入荧屏称为划入。划出与划入的形式多种多样,根据画面进、出荧屏的方向不同,可分为横划、竖划、对角线划等。划像一般用于两个内容意义差别较大的镜头的组接。

(4)键控。分黑白键控和色度键控两种。黑白键控又分内键与外键,内键控可以在原有彩色画面上叠加字幕或几何图形等；外键控可以通过特殊图案重新安排两个画面的空间分布，把某些内容安排在适当位置，形成对比性显示。色度键控常用在新闻片或文艺片中，可以把人物嵌入奇特的背景中，构成一种虚设的画面，增强艺术感染力。

（5）定格。根据影片叙事需要，对镜头的某一帧画面做静态处理，使人产生瞬间的视觉停顿，一般可用来添加字幕或者强调某种东西，也比较适合于不同主题段落间的转换。

现在的非编软件能够实现多种转场效果，比如圈入圈出、划像、翻页等。但是，不能一味地使用这种转场效果，应根据影片的需要有目的地使用才能为影片增色。

使用特技组接镜头时应注意：第一，特技是一种连接手段而不是内容的表现手段，太花哨的特技形式容易喧宾夺主，令人眼花缭乱。第二，镜头组接时所使用的特技应具有较好的连接性，形式上须与上下画面相互融合，形成一个有机的整体，从而使两个镜头的连接有序而自然。

2. 无技巧组接

无技巧组接是采用直接切换的方式将上下两个镜头连接起来，也叫作硬切。这时要求前后相连接的两个镜头必须具有合理的过渡因素，以达到转场的自然和连贯。无技巧组接主要适用于蒙太奇镜头之间的组接。由于不利用电子特技，可使内容更精练、简洁，同时也加强了情节的内在联系，使之更自然、真实、可信。

无技巧组接强调视觉的连续性，运用无技巧组接镜头时，需要注意寻找合理的转换因素和适当的造型因素。无技巧组接的方法很多，最常用的是利用场面调度与画面组接、切换以及空镜头等实现镜头之间的组接。

第一，相似性组接。相似性镜头组接是以场景造型上的相似之处作为镜头与镜头之间组接的桥梁，保证镜头之间衔接自然。相似之处有动态相似和形象相似等。

动态相似是以每个场景运动的主体作连接点将镜头组接起来。比如某香烟广告，有一辆行驶在旷野的吉普车和一群奔跑的马。在这些镜头当中，吉普车和马就是场景主体，且又保持动态，后期将这些动态的镜头组接起来，整个画面就会顺畅连贯，传递给观众的节奏感也十分强烈。形象相似是指将场景中相似的主体中心作为镜头之间的组接点。例如在央视播出的某公益广告中，前一个镜头是有一个小孩子在玩飞机模型，后一个镜头是真正的飞机正在起飞，镜头组接以相似的主体形象为衔接点，连贯地转换了前后两个镜头。

第二，跳轴组接。在关系镜头的组接中一般要遵循的规律是轴线规律，同时这也是在切换镜头时遵循的主要规律，在影视摄影的过程中要首先保持空间的统一，在镜头拍摄分切镜头的时候保持拍摄主体的统一性，而且一般的拍摄大方向必要要在轴线同一方向，但是如果在实际拍摄中的动态镜头有"跳轴"镜头，一般可以通过如下几种方式进行处理：一是利用被拍摄物体的运动方向来变更轴线；二是根据摄影机的运动而变更轴线；三是用无固定方向的中性镜头来分隔两边的镜头；四是适当运用特写镜头来衔接镜头；五是运用插入镜头更改方向；六是可利用一些淡入淡出等特技来跳轴。

第三，逻辑性组接。一般的拍摄手法要遵循事物的客观性和客观规律，这就是逻辑性的衔接，这样可以更有利于观众接受画面所表达的中心思想，让画面代入感更强，让观众有身临其境的感觉。凭借逻辑性衔接画面可以分为现实生活本身的逻辑和观众看影视片的心理活动（即观众的思维逻辑）。

例如，苏联著名的电影艺术家库里肖夫做过这样一个试验，有以下两组镜头：第一组镜头中，1号镜头拍摄一个人在微笑；2号镜头拍手枪对准那个在笑的人；3号镜头再单独拍摄那个人表现出惊恐的表情。那么可以想象一下这组镜头给人最深的印象就是这个人受到了威胁。之后再进行另一组镜头的拍摄对比。第二组镜头中，1号镜头拍一个人惊恐的面庞；2号镜头同样拍摄有一把手枪对着这个人；3号镜头拍摄手枪对着的这个人从惊恐转为微笑。可以看到第二组镜头与第一组镜头只是把1号和3号镜头进行了对调，通过镜头顺序的对调给观众所展现的人物特性是不同的，而不同镜头顺序给观众造成的感觉也是不同的，第二组镜头给观众的印象是这个人很勇敢，他在最初的一刹那震惊后镇定下来了。可以看出在镜头组接中既要符合逻辑学的客观规律也要考虑人们在真实的生活中的认知和心理活动。观众在观看一段影片的时候，有时候是在脑海中补充没有展现出来的画面，这就让观众有了很强的参与感，可以脑洞大开，有了很多关于下一秒会是什么画面的想象。比如有这样一个开头：一个警察接受了一个反恐任务拿起了枪，那么接下来的画面就是整队人整装出发，到达案发现场然后进行了枪战，下一个画面可能是枪打出子弹命中敌人，解除这一项危机事件，最后受到了表彰等，这是比较正常的剧情，是以观众以往的认知而构建出的逻辑性的画面。

第四，缓冲性组接。在衔接两个比较冲突的场景画面时需要一个过渡性的转场。一般是凭借画面的主体的运动方向来进行缓冲过渡以保证画面的顺畅。缓冲性组接大都是在动静画面之间进行衔接。

一种是由动转静，指镜头中由动态转接静态，这一种方法会让观众有一种突兀的感觉，但是适当运用这个方法可以让两个场景有明显的差别，对所展现的气氛和环境有特殊的功效。二是由静转动，指由相对静态的镜头转接到动态镜头的衔接方法，这也是一种镜头衔接的常用方式。这种方式也可以对节奏和情绪产生一种特殊的功效（其节奏上的突变对情绪是一种推动），这种方式使得静接动在衔接上是跳跃的，但在视觉和情绪上总体是顺畅的。

具体的操作方法包括：

(1) 利用相同主体转场

上下两镜头是通过同一主体来转场，镜头随主体由一场景到另一场景。例如电影《贫民窟的百万富翁》（图5-4）中，前一个镜头是童年舍利姆与杰玛在机场的板球场被保安赶跑，下一个镜头是孩子们拼命地跑向朱胡贫民窟。两个镜头中相同的主体都是逃

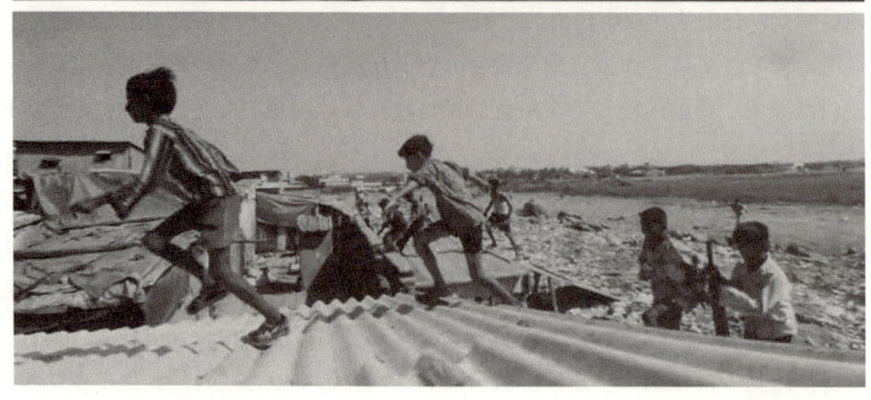

图5-4 电影《贫民窟的百万富翁》截图

跑的孩子。

（2）利用主体的相关动作转场

前一个镜头主体动作与下一个镜头主体的动作在形式上或内容上相互关联，这个动作就可以作为前后两个镜头的过渡因素。例如，上一个镜头是在马路边女孩被男孩打了一个耳光，下一个镜头是男孩在家里让父母打了一个耳光，两个镜头有一个相同的动作就是打耳光。

（3）利用主体出画入画转场

主体出画入画转场是指前一个镜头主体走出画面，下一个镜头主体从画面外面进入画面。这种转场可用于表现同一主体的时空转换。使用这种方法注意主体要遵循"右出左进，左出右进"的原则。"右出左进"就是说上一镜头主体从画面的右边出画，那么下一个镜头主体就要从画面的左边入画，这样才能保证方向的一致性。"左出右进"则是说上一镜头主体从画面的左边出画，那么下一个镜头主体就要从画面的右边入画。出画入画的转场形式还可以只出不入，或只入不出。即前一个镜头主体走出画面，下一个镜头主体已经在另一个场景的画面中。

（4）利用相似体转场

如果上下镜头具有相同或相似的主体形象，或者其中物体形状相近、位置重合，或者在运动方向、速度、色彩等方面具有一致性等，也可以以此来达到视觉连续、转场顺畅的目的。

例如，几个外形同样是圆形的物体组接在一起，或者是几个自左向右运动的镜头组接在一起。

（5）利用主观镜头转场

所谓"主观镜头"是指借镜头中人物的视觉方向所拍的镜头。

主观镜头转场是利用前镜头剧中人在看什么或沉思什么；下一个镜头就是他看到的或想到的人或事（主观镜头），从而把两个场面连贯起来。比如，前一个镜头是主人公转身看，下一个镜头是迎面而来的一辆小车，就表示主人公转身看到一辆小车开过来。推而广之，前一镜头人物目光注视着，便可以接入任意一个与视线相符的画面，达到转场的目的。通过主观镜头转场，可以将两个不同时空的画面连接起来。

（6）利用特写镜头转场

特写转场，就是前面的镜头无论是什么，后一个镜头都从特写开始，前后两段借助于特写转场。由于特写镜头的环境特征不明显，所以变换或没有变换场景不易被看出；另外，特写镜头所揭示的画面效果是人们用肉眼很难看到的，用特写呈现在观众面前的景物，具有新奇感和冲击力，使人们自然而然地集中注意力仔细观看，从而忽视或淡化了前一个镜头的视觉内容，使观众一时感受不到太大的画面跳动。

（7）利用空镜头转场

画面中没有人物或动物的镜头叫空镜头。比如天空、太阳、大海等。空镜头用于转场，有时就如一个删节号，让观众对前一段的思考、回味逐渐淡化，逐渐停下来，并翻看下面的新段落。

（8）利用情节和内容的呼应关系转场

利用上下镜头在情节上的呼应关系和内容上的连贯因素实现转场，能使镜头的过渡不留痕迹。

（9）利用遮挡元素（或称挡黑镜头）转场

所谓遮挡是指镜头被画面内某物体暂时挡住，依据遮挡方式不同，大致可分为两类情形：一是主体迎面而来挡黑摄像机镜头，形成暂时黑画面；二是画面内前景暂时挡住画面内其他物体，成为覆盖画面的唯一形象。当画面形象被挡黑或完全遮挡时，一般也都是镜头切换点，它通常表示时间地点的变化。在电影《有话好好说》中有这么一段内容：男主人公在大街上等待女朋友，开始镜头他在百无聊赖地东张西望，下一镜头，前景中汽车驶过，他在吃西瓜；汽车再驶过，他在吃盒饭，最后一个镜头汽车驶过，画面转接到女朋友的家中（图5-5）。

图5-5 电影《有话好好说》部分截图

（10）利用声音转场

用解说词、音乐、音响、对白等和画面的配合实现转场。利用解说词承上启下、贯穿上下镜头的意义，是影视编辑的基础手段，也是转场的惯用方式。尽管音乐、音响、对白等是不同的声音形式，其性质功能都不相同，但是就转场效果考虑，它们都有这几种方式：

第一，利用声音过渡的和谐性自然转换到下一段落，其中，主要方式是声音的延续、声音的提前进入、前后段落声音相似部分的叠化。利用声音的吸引作用，弱化了画面转换、段落变化时的视觉跳动。

第二，利用声音的呼应关系实现时空大幅度转换。比如前一个镜头是老师在课堂上点名"陈小军，到了没有？"下一个镜头是陈小军在家中回答"到"。虽然两个镜头时空不同，但由于声音的连贯性，使画面过渡得很自然，不会有生硬的感觉。

第三，利用前后声音的反差，加大段落间隔，加强节奏性。其表现常常是某声音戛然而止，镜头转换到下一段落，或者后一段落声音突然出现或增大，利用声音的吸引力促使人们关注下一段落。

以上介绍的只是影视制作中镜头转场的一些基本方法，是影视工作者在创作中总结出来的，可以借鉴使用，并在借鉴中不断地突破和创新。

第六章　"微时代"语境下影视广告的色彩语言的设计方法

第一节　影视广告中色彩语言的特征与功能

一、影视广告中色彩语言的特征

巴拉兹·贝拉在《电影美学》中指出："只有当影片中的彩色表现出某些纯粹电影化的东西时，它才具有艺术意义。"我们知道，影视广告中的色彩语言不但带有普通平面广告富有视觉冲击力的特征，同时也具备影视中色彩的运动特性。它与绘画、平面广告一样遵循对比与统一的审美法则，但其表现力和感染力却比平面广告更加强烈，其主要原因是它多了一个时间的维度，也就是"运动的色彩"。影视广告的节奏与韵律不仅仅在单帧画面中体现，它会随着时间的变化、情节的发展呈现出一种动态特征。

影视广告中色彩的表现是趋于理性的，在色彩选择上，它没有电影的表达那么随意和自由，而必须根据广告诉求对象的特征、目标以及受众心理和广告的表达需要来决定。特别是在影视广告中反复出现的产品或企业形象相关的色彩都必须符合广告产品的属性特征和企业视觉形象系统的用色规范。影视广告中的色彩一般会采用鲜明、刺激的色彩组合方式，其表达应始终以增强画面的记忆为准则。

二、影视广告中色彩语言的功能

影视广告中色彩语言的功能很强大，一般情况下，色彩语言可以通过叙事、图解、证言、警示、比较、衬托、比喻和象征等多种方式传达广告对象的信息。色彩是一个十分灵活的视觉要素，在不同的广告创意中，色彩担任着不同的角色，并具备不同的功能。很多与色彩相关度比较高的产品或企业在广告中常常将色彩作为最明确的诉求目标和重要的"卖点"，如油漆、胶片等产品。例如：《Sony Bravia 电视机——五彩油漆篇》广告（图6-1），在60秒的时间里，整个画面都充满了五彩缤纷、绚丽夺目的油漆。激情绽放的"油漆烟火"配上轻快激昂的交响乐喷薄而出，继而在空中爆炸开来，是一种十分具有创意的色彩表达。除此之外，由于色彩具有表意功能和符号指向功能，很多企业都会设定自己的标准色。在影视广告中直接以产品的独特色彩作为广告的诉求点，

6-1 《Sony Bravia 电视机——五彩油漆篇》广告截图

这个色彩会贯穿在影视广告整个播放过程，通过各种方式不断对品牌和形象进行提示和重复，从而深化受众对广告的理解。

三、影视作品中色彩情感的表现

在影视作品中，色彩为影片情感的表达起到了情绪渲染的作用。例如：影视作品《英雄》的色彩主要由五大颜色构成（图6-2）：白、蓝、红、绿、黑。这种明确的色彩分割，清楚地分隔出三个不同故事，有助于观众对于情节的理解。除此之外，对比鲜明的色彩有助于观众产生联想，进而深入理解故事中每个人物所要表达的具体性格，如：

图6-2 《英雄》的色彩主要由五大颜色构成

身着红衣的张曼玉,代表炽热的生命,黑色肃杀的李连杰代表博大的胸怀,白衣孤寂的梁朝伟代表看破世俗的清净,惺惺相惜的蓝衣侠客代表知己的珍贵,绿衣对视的情侣则代表宁静的回忆。

在整个影片的开篇中,黑色作为主色调占据了银幕,这一色彩给予人的心理反应产生的抽象联想为"死亡、刚健、悲哀、忧郁、生命、严肃、冷淡、阴郁"。黑色的秦王宫,人物的黑色服装,秦的整个世界是大片的黑色(图6-3)。

导演透过这样的黑色告诉观众,无名进入这个黑色的秦王宫是不会活着出来的(图

图6-3 电影《英雄》截图1

6-4）。因为黑色的秦王宫里不会开出生命之花，黑色代表着死亡。

而赵国陆城书馆在影片中则被布置成一片红色的世界，人物皆是红袍加身，红色在

图6-4 电影《英雄》截图2

这里暗示了此处将会有一场腥风血雨（图6-5）。

影片《英雄》中主要运用的几种主色调在对比中也产生了情绪渲染和情节推动的作用，成为剧作的主要元素之一。

图6-5 电影《英雄》截图3

第二节 影视广告中色彩的设计策略

一、运用色彩设计奠定广告影调

广告影调是指一个影视广告整体的基调，表现为画面明暗对比关系及其动态转换节奏所形成的总的倾向性。而色彩则是构成影视广告影调最主要的视觉元素，也是广告影调建构的基础。根据色彩的明暗、反差和人们对色彩的生理反应、心理联想的不同，影视广告的影调可以分为冷调、暖调、柔调、硬调等多种形式。一般来说，暖调给人温暖柔和的感觉；冷调则是给人寒冷的感觉；柔调能体现细腻、丰富、温和而富有质感的视觉效果；硬调则是指从最亮的影调到最暗的影调之间的直接过渡，明暗轮廓分明，视觉冲击力强烈。

影视广告作品是由一个个动态画面的有机组合而成，画面色彩转换的不同节奏规律也会形成不同的影调。根据画面色彩动态转换的节奏规律，影视广告影调可以分为渐变影调、反复影调和意识流影调。渐变影调是指由画面转化产生的一种由弱到强或由强到弱的平滑的色彩节奏变化，构成起伏、柔和、优美的调性特征；反复影调是指由色彩中某一要素或者某种变化在画面上反复出现而形成一种变化而有秩序的节奏基调；意识流影调则是指色彩动态转换节奏根据表达需要进行自由变化，没有任何规律，类似文学作品中的意识流。

影视广告作品的色彩影调创意设计要符合广告主题的需要。它能体现广告的隐性主题，加强受众对广告显性主题的感知、理解和记忆。因此，色彩影调的创意设计要以恰当地表现广告主题为原则。例如：雪碧饮料广告（图6-6），其广告主题为"晶晶亮，透

图6-6 雪碧饮料广告 截图

心凉"，配合这一主题，广告色彩影调设计就应该在冷色调的范围内选择，接下来需要寻找的就是哪种冷色调更能准确地表现清凉爽快的感觉。雪碧饮料广告的水绿色影调创意，非常形象地表现出了"凉爽"的概念。

除此之外，广告影调的色彩创意设计还要和广告商品特征有机结合起来。广告影调的创意选择，也应以突出商品独特之处为出发点。例如，"白加黑"感冒药广告（图6-7），利用黑和白两种颜色的强烈对比作为色彩影调，有效地加强了人们对商品特点的记忆。再如可口可乐广告（图6-8）的红色影调，不仅和饮料的咖啡色质的暖色调特点和谐搭配，而且还大大加深了人们对可口可乐包装的记忆，成为可口可乐品牌的鲜明标志。

图6-7 "白加黑"感冒药广告 截图

图6-8 可口可乐广告 截图

    由画面色彩转化而形成的节奏影调，是影视广告表现情感和情绪的基础。一般来说，广告影调的感情脉络是从抑到扬、从低到高、从静到动、从忧到喜，色彩创意设计可以从色彩明度、纯度、色相变化和颜色位置、方向等方面渐次变换与组合，从而形成具有感染力的情绪节奏。例如，在由大S代言的"潘婷"洗发液广告（图6-9）中，画面色彩转化依次为：傍晚的海边水草的墨绿—大树的翠绿—大S着装的浅草绿，色彩渐次明快，节奏也由平缓到欢快，使受众的情绪随之变化。广告的节奏影调是由色彩的动态组合变化而形成，不同的组合变化就会产生不同的感情和情绪起伏。在影视广告创意设计中，充分利用色彩的动态组合与变化，来寻求广告商品与众不同的情绪"卖点"，是需要广告设计者深入研究和不断探索的新课题。

图6-9 "潘婷"洗发液广告 截图

二、运用色彩设计建构广告时空

影视广告的色彩设计能建构广告时空。我们知道，影视艺术表现的是主观与客观世界的统一，它既能表现生活中的场景，也能表现出主观的心理时空。它是"造梦的艺术"。

1. 建构广告主观时间

影视广告的主观时间有三种：消费者主观时间、客户（产品）主观时间和创作者主观时间。在用色彩建构主观时间的过程中，应主要以消费者的主观时间为主，重点考虑目标消费者对不同时间的主观心理感知，同时还要注意三种主观时间的和谐一致。用色彩建构广告的主观时间，主要通过以下两种方式来实现：第一，利用不同色彩的串联变化让受众从主观上感觉到时间的流转。比如在《百年润发》（周润发篇）影视广告（图6-10）中，广告的主观时间就是由色彩明暗度的变化设计而建立起来的。从主人公回

图6-10 百年润发广告 截图

乡，到触景生情陷入回忆，再回到现实中，色彩的明度由亮到暗，再由暗到亮，将广告中的"过去"和"现在"两个主观时间概念表现得完美而又自然，让受众心灵在主观的时光隧道中来回穿梭，给人以强烈的震撼。第二，利用色彩的文化意义建立广告的主观时间背景。色彩作为一种视觉符号，在人们使用的过程中被赋予了丰富的文化和时代象征意义，例如在中国文化背景中，用红色来暗示时间，就很容易让人们主观联想到中国解放初期的"火红年代"。在色彩创意设计时，可以根据色彩文化意义来展现符合广告主题需要的主观时间背景。

2. 建构广告主观空间

哲学家海德格尔说过："只拥有一个现实世界是不够的，我们还必须拥有一个诗意的世界。"对于影视广告来说，仅仅将现实世界展示在消费者面前是远远不够的，还需要建构一个"诗意的"空间才能抓住消费者眼球，从而达到销售的最终目的。

而色彩在"再造空间"过程中发挥的主要作用是渲染想象空间、突出主体形象。我们在进行色彩创意设计时一般从两点出发：一是色彩补偿，通过对色彩基调、主体色、辅助色有机系统的搭配，渲染气氛，烘托主体，建构起丰富的空间想象。二是色彩对比，通过色彩在色调、明度、纯度等方面的变化，拉开背景色与主体色之间的距离，用色彩之间的对比效果来突出主体形象。例如：立邦漆2007年的广告片《我的灵感，我的立邦》（图6-11），就是运用了色彩补偿和色彩对比来建构广告主观空间的典型案例。

图6-11 立邦漆广告 截图

海蓝色的油漆以漂亮的弧线泼在墙面上，随即变成一片纯净的蓝色天空，几只白色飞鸟在自由翱翔；天空下金黄色的稻田，人们在惬意地骑自行车；一望无际的海边，人们在自由享受海风吹拂的假日，畅游在海的怀抱。白色油漆在乳白色的背景下泼出，小女孩用力吹蒲公英，花散落一片，小女孩欢乐地奔跑于绿草白花中；海边白色骏马与白衣翩翩的女孩，沉浸在大自然的怀抱里……在此则广告中，墙面上的涂料色彩是主角，而其他的风景和人物都是背景，蓝色墙面用蓝天、大海来烘托、补偿，扩展了主观空间，而白色的飞鸟、金色的稻田、活泼的人物等，则通过色彩对比把蓝色空间凸显得更加鲜明。白色油漆也是如此，白花、白马、白衣女孩的搭配，动态地延展白色主体空间的广度，黄色的蒲公英、蓝色的大海、绿油油的草地则从主观上拓展了白色空间的深度。整个色彩系统的创意设计，使广告片给人以丰富的"诗意空间"想象，实现了广告主题的升华。

三、运用色彩设计创造广告情境

在影视广告中，广告情境是由声音、空间、色彩等元素构成的，由于色彩元素与人的情感审美心理关系密切，故在创造广告情境时发挥的作用尤为明显。利用色彩在人的生理和心理上的视觉反应进行广告情境设计，有助于激活受众的某种情感，加深受众对于产品或品牌的记忆，引起购买欲望。在现实生活中人们看到色彩时最容易唤起意识中对过去经历、周边环境、喜爱事物以及某种情感情绪的联想。人对色彩的感知受年龄、经历、教育程度、个性等因素的影响会有一定的差异。比如婚礼情境，在针对大众的广告中，一般用大红色；但针对一些高端消费群体和年轻时尚消费群体而言，白色似乎是更具有婚礼的时尚情境感的颜色。

第三节 影视广告中色彩语言的表现方法

色彩在影视广告设计中起着画龙点睛的作用，因此在选择和使用上有很多要求和注意事项需要我们去认真考虑，影视广告中色彩语言的表现方法主要有以下几种：

一、色彩基调的表现方法

影视广告中色彩基调是通过构成情节、表现主题的各个镜头的色调及其相互关系，来促使观众获得感受的总的色彩倾向。色彩基调可以通过色彩的多种情感倾向来表现。例如：在可口可乐和百事可乐的广告角逐中，一方是红色的宣言"酷"，一边是蓝色风暴"随时爆发"（图6-12），他们对主题有各自不同的色彩宣传策略。在可口可乐的广告中，每个演员都穿着红色的衣服，暗示着新年的红火。在百事可乐的广告中，所有的艺术家全身上下都是身穿蓝色的衣服，突出神秘、幻想的元素风格，形象生动地描述了"百事可乐蓝色风暴，打破幻想的土地"的口号。

图6-12 可口可乐、百事可乐的广告对比

例如：《大红鹰·放飞希望篇》（图6-13）由蓝、黄、红三种大色块相互交替渲染而成，其中红色又自始至终贯穿其中。表面看来好像没有突出的主题色彩，但是广告以孩子手中的红色灯笼为主线展示了蓝色的宁静、黄色的丰收、红色的喜悦这三种祝福，既突出了主题，又给受众留下了一个深刻的品牌印象。

图6-13　大红鹰广告

例如：在《荷氏薄荷糖·午夜风暴篇》（图6-14）中，广告主题的核心是男人的冷酷与薄荷糖的风暴，无论是产品还是模特，所要传递给受众的都是一种冷酷的感觉，所以广告在空间色彩上选择了冷色调的无彩色系——灰、白、黑，通过明度的变化使物象产生距离感与空间感以突出主题。

图6-14　荷氏薄荷糖广告

例如：玉兰油系列广告（图6-15）中，美白产品的广告模特全都身着白色服装，配合明度较高的背景色，使整个画面看起来晶莹剔透，更能表现出产品美白的中心概念和功效；修护系列是成熟女性使用的产品，所以模特身穿一袭黑色职业套装，以吸引与其所扮角色相符的成熟女性，同时黑色也是产品包装中占支配地位的色彩，这样从整体效果来看，服装色也与产品包装色彩形成呼应。

图6-15　玉兰油广告 截图

二、色彩布局的方法

影视广告通过使用颜色元素来刺激观众的注意力，并提高商业产品的敏感性和意识。例如在一些巧克力广告中，整个画面的色彩处理采用浅咖啡的颜色，温暖感觉的颜色不仅与巧克力产品颜色近似，而且意味着心是温暖的，让人有想一尝为快的感觉，将甜蜜的巧克力产品特质更直观地传达给广告受众。

再例如，刘青云与中国体操队一同拍摄的美之源果粒橙的广告（图6-16），主色调橙色与绿色在白色和天蓝色的点缀下显得很饱满。在画面的布局中，主色调处于画面的视觉兴趣点上，占据了大部分的篇幅，重点色则置于次中心位置。一般主色调与重点色所占的比例为1.618∶1，是标准的黄金比例，但是这个数据仅仅作为参考，在实际的设计过程中还要依具体情况而定。

图6-16 果粒橙广告 截图

三、色彩情感的表现方法

色彩能使人产生联想,它与观众的生理和心理反应密切相关,影响着观众对广告内容的注意力。鲜艳、明快、和谐的色彩组合会对观众产生较好的吸引力,陈旧、破碎、阴沉的用色会导致观众认为"这是旧广告",而不易引起注意。因此,色彩感情规律在影视广告中对观众有着特殊的诉求力。

1. 识别性

色彩可以带给人兴奋与沉静等不同感受,通常暖色以及明度高、纯度高或者对比强的色彩给人以兴奋感;相反,冷色、无彩色系以及明度低、纯度低、对比弱的色彩给人以沉静感。所以,色彩给人留下的印象是具有感情规律可循的。例如:《Ray-Ban墨镜——变色龙篇》广告(图6-17),就运用变色龙对色彩的识别性进行表现,间接利用可识别性高的色彩来刺激人的感官,使人兴奋,在注重广告内容的同时,也使人产生兴趣,从而留下深刻的印象。色彩的识别性,可以影响观众对产品的感受,同时色彩情感规律对人的心理有很大的指导作用,它能引起人的共鸣、购买欲或偏爱。

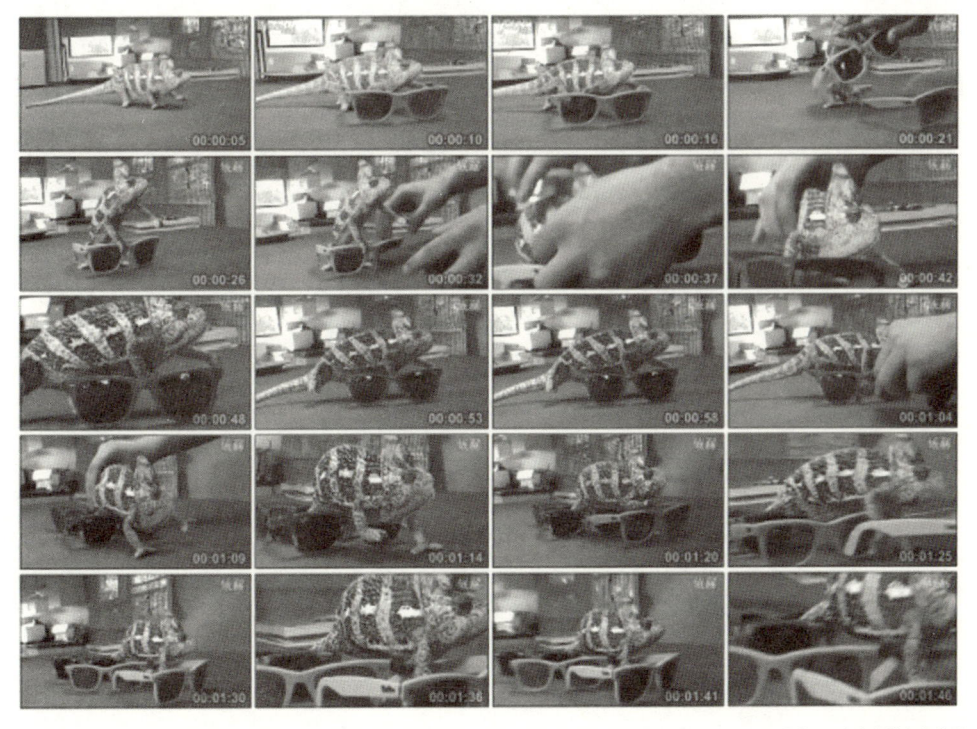

图6-17 Ray-Ban墨镜——变色龙篇广告 截图

2. 鲜明性

在影视广告中，明色、纯色、暖色系统的颜色鲜明，对人的视觉冲击力强；暗色、纯度低、冷色系统的颜色注目程度低，对人的视觉冲击力弱。另外，鲜明程度大小还取决于色彩搭配的关系。例如：《Sony Bravia电视机——五彩油漆篇》广告，就是通过60秒的时间，在房间里，在走廊中，在户外，在空中，到处喷洒着油漆，五彩缤纷、绚丽夺目。保持色彩鲜明的感受，首先取决于明度对比，其次是色相对比。明度对比强烈且色相对比也强烈的色彩搭配，其鲜明程度最高；而明度对比强、色相对比弱，也同样具有较高的鲜明程度；如果只有色相对比，而没有明度对比，其鲜明程度便会大大降低；既无明度对比，也无色相对比，就将完全失去鲜明感。

3. 审美性

影视广告中的色彩语言源于绘画，和平面广告一样遵循着对比与统一的审美法则，但影视广告中色彩的表现力和感染力比平面广告更加强烈，因为它多了一个时间的维度，是"运动的色彩"。它的节奏与韵律不仅仅在单帧画面中体现，随着时间的变化、情节的发展，广告的整体色彩还会呈现出动态特征。例如：《BBC——聆听音乐，感受生活》影视广告（图6-18），就体现了创作者对色彩审美性的设计，既有色调的对比，又有柔和的色彩变化，能够充分地调动观赏者的眼球，使观众目不转睛地看完这个广告。所以，要把握好影视广告色彩的特点，满足观众的感官需要，锁定观众目光，激发兴趣，调动情绪，使其具有很强的艺术感染力和较好的信息传递效果。

第六章 "微时代"语境下影视广告的色彩语言的设计方法　　105

图6-18　BBC广告 截图

第七章　影视广告创意解析

第一节　商业广告创意解析

一、《三小时恋人》广告解析

1. 广告名称：《三小时恋人》

2. 广告分析

（1）《三小时恋人》广告创意脚本

广告性质：商业广告。

广告特点：通过住在武昌和汉口两区的被长江阻隔的恋人的日常生活来表达通地铁之后路途的缩短以及距离拉近之后的亲密，主要特点就是运用了分屏幕的形式展现男女主角的生活场景，并进行衔接和互动。

广告风格：清新风格。

故事脚本：一对同住在武汉，却因距离较远而不能经常相见的恋人走着不同的道路，吃着彼此喜欢的食物，静静地想念对方。通过镜头语言，表现两个人多个同时不同地的瞬间，让观众感到遗憾和可惜。当武昌和汉口通了地铁之后，他们的生活悄悄地发生了变化……

广告语：相遇不堵车。

（2）《三小时恋人》广告分镜头脚本（表7-1）

表7-1 《三小时恋人》广告分镜头脚本

镜号	场景	景别	画面描述	音效/字幕
1	宜家	中近景	女生和男生同时翻开被子,起床	不管是梦里还是睁开眼睛的时候,我总是在想着他。穿越两镇,时间漫长,只想好好拥抱他
2	宜家	中近景	女生对着镜子收拾打扮,男生整理自己的发型、洗漱	
3	宜家	中近景	女生看书,撩头发,并张望着什么	我们分隔两镇又默契地做着同一件事
4	宜家	中近景	男生面向女生坐着,也在看书,看一会就望向远方	
5	403艺术中心	中近景	女生走着看画展,镜头在女生侧面	她独自看画展,安静看书
6	403艺术中心	中近景	男生靠着书架,站着看书	
7	宜家	中近景	一张桌子,两张椅子,女生坐在一张椅子上,镜头正好在女生对面,女生桌子上放着一杯牛奶,一个盘子,盘子里放着一个面包	他喜欢面包我喜欢咖啡,我们吃着彼此喜欢的食物,想念对方
8	背景	中近景	同样类似的场景,但是风格不同,男生坐在凳子上,镜头也在男生对面,桌子上放着一杯咖啡,盘子里放着一个三明治	
9	汉阳造	中近景	剪辑的效果是面对面的,男女生都是面对面吃着食物	
10	宜家	特写	特写男女生的眼神,女生吃饭的时候有些小动作,撩个头发戳戳面包(傲娇与赌气);男生面无表情,偶尔皱眉,然后抬头刚好碰上女生的眼神	
11	宜家	远景	屏1和屏2分别是两扇不同的门	女生:没带伞的下雨天格外想他。男生:发去的信息提醒她记得带伞,而我却想把半边伞送到她身旁
12	汉阳造	近景	屏1女生跑着到门口躲雨,屏2男生打着伞,走到屋檐下	
13	汉阳造	近景	群众打着伞经过,女生拂了拂衣服上的水珠并且四处张望;男生看看天气预报,表情犹豫了一瞬间,接着站在门口收起伞,拿出手机,发了条消息"你那里下雨了吧,记得带伞。"	
14	宜家	特写	特写男生上半身,单手,发消息的手在动	
15	汉阳造	远景	男生走在一条路上,一个人,慢慢地走着;女生朝相同的方向走着,两个人距离越来越近	我们都在努力地朝着相遇的地方奔跑,可能擦肩而过,但我们仍然期待拥抱在一起
16	地铁站	远景	两个人继续走着,屏幕里擦肩而过	
17	地铁站	远景	女生和男生分别在地铁站前等地铁(背影),女生看看时间	"你在干嘛呢。""我在忙。""那我挂啦。""骗你的,我想给你说件事。"
18	403艺术中心	中近景	女生看时间的同时,男生进入地铁,发出了微信"只要你默念三声我爱你,我就会出现。"	
19	地铁站	中近景	男生隔着玻璃,女生刚好听到语音,抬头,一笑	"我想给你说件事。""你先说。"
20	地铁站	近景	男生迈出地铁门,两个人相视而笑	"你先说。""听说今天武昌汉口通地铁了。""那么,只要你默念三声我爱你,我就会出现。"

（3）《三小时恋人》广告故事板（图7-1）

图7-1 《三小时恋人》广告故事板（部分）

（4）《三小时恋人》广告截图（图7-2、图7-3）

图7-2 《三小时恋人》广告截图1

图7-3 《三小时恋人》广告截图2

（5）广告解析：通过镜头语言，表现两个人多个不同的场景，运用了分屏的形式展现男女主角的生活场景，让观众感受到地铁通车后给大家带来的便利。

二、《我就是我》产品广告解析

1. 广告名称：《我就是我》

2. 广告分析

(1)《我就是我》产品广告创意脚本

广告性质：商业广告。

广告特点：通过不同的脚部特写表现主题。

广告内容表现：用不同的造型来诠释匡威品牌精神——年轻的状态就是勇于突破。

广告风格：青春活力、展现年轻文化。

故事脚本：无论是玩滑板的脚，还是随音乐打着节拍的脚，又或是跳进水坑的脚，还有压马路的脚……他们都穿着匡威的鞋，不同的人生、不同的兴趣、不同的生活，却有着同一种喜好——匡威鞋，它不仅仅是鞋，更代表着年轻的心和与众不同的生活态度。艺术、音乐、街头文化，匡威用自己独一无二的魅力征服着越来越多的年轻人。

广告语：我就是我，与众不同。

(2)《我就是我》产品广告分镜头脚本（表7-2）

表7-2 《我就是我》产品广告分镜头脚本

镜号	场景	景别	画面描述	音效/字幕
1	马路上	特写	白天，身后两侧都是树，穿着牛仔裤和旧旧的黑色匡威在马路上站着	
2	繁华的街道	特写	（侧面）白天，穿着新的黑色匡威的脚不停地往前走，旁边人来人往	
3	空荡的马路	中景	白天，将手上拿着的滑板放在地上，穿着旧旧的黑色匡威的脚踩着滑板开始向前滑动	滑板摩擦声
4	繁华的街道	特写	傍晚时候，周边的商铺亮起灯，穿着旧的红色匡威的脚用力踢走地上一个空水瓶	
5	绿色的草地上	特写	一双手将新的黑色匡威的鞋带给系成蝴蝶结	
6	台阶上	特写	白天，在一节台阶上，穿着脏的黑色匡威向前跳起（右上出镜）	
7	马路上的水坑	特写	（上入镜）白天，穿着脏的黑色匡威跳下水坑，溅起水花	水溅声、欢笑声
8	厕所里	特写	透过厕所下方的门缝看到一双穿着旧的红色匡威的脚	抽水马桶声
9	室内地板	近景	（俯视拍摄）（下半身）穿着牛仔裤和旧的红色匡威，脚的前方摔下一个没有水的玻璃杯	
10	室内地板	特写	玻璃杯在一双穿着旧的红色匡威的脚前摔碎，一地玻璃	玻璃杯摔碎声
11	空荡的走廊上	特写	白天，穿着旧的黑色匡威的脚有节奏地打着音乐的节拍	

续表7-2

镜号	场景	景别	画面描述	音效/字幕
12	繁华的街边	特写	白天（后侧拍摄）穿着新的黑色匡威的脚不停地向前走，路上人来人往	哼歌声
13	室内地板	特写	（俯视拍摄）穿着新的黑白格匡威的脚，水从上方流下，流到右脚上溅开	水流声
14	超市零食货架边	特写	（侧面拍摄）穿着新的红色匡威的脚，在超市的零食货架旁走过	
15	绿色的草地上	特写	白天（侧面拍摄）穿着脏的黑色匡威的脚，在草地上从右向左走着	
16	空荡的马路上	特写	白天（侧面拍摄）穿着脏的黑色匡威的脚，在马路上从右向左走着	
17	马路边	特写	白天（侧面拍摄）穿着脏的黑色匡威的脚，从马路边跳上旁边的台阶	
18	空荡的街道	全景	白天一个穿着黑色T恤、蓝色牛仔裤和黑色匡威的男生，手里拿着滑板背对镜头站着	
19	超市货架旁	特写	（侧面拍摄）穿着新的红色匡威，推着购物车向前走几步后，跳上购物车的扶手上向前滑	车轮滚动声
20	涂鸦墙旁	全景	白天，一个穿着黑色T恤、蓝色牛仔裤、黑色匡威的男生拿着喷罐在墙上绘制图案	
21	电玩跳舞机上	中景	（下半身）一个穿着裙子、黑色高帮匡威的女孩子在玩跳舞机	
22	空荡的马路上	特写	白天，穿着脏的红色匡威的脚，向后跳着太空舞步	
23	足球场上	特写	白天，穿着旧的黑色匡威的男生正在颠球	
24	空荡的马路上	近景	（膝盖以下）穿着牛仔裤打着赤脚向前走着，旁边有一双新的黑色匡威被扯着鞋带拎起	

（3）《我就是我》产品广告故事板 （图7-4）

图7-4 《我就是我》产品广告故事板

（4）《我就是我》产品广告截图（图7-5、图7-6）

图7-5 《我就是我》产品广告截图1

图7-6 《我就是我》产品广告截图2

（5）《我就是我》产品广告解析：广告通过表现不同的人穿着匡威鞋做着不一样的事情、不一样的运动，来诠释匡威品牌精神——年轻的状态就是勇于突破，体现了品牌的青春活力。

三、《双十一优惠券》广告解析

1. 广告名称：《双十一优惠券》

2. 广告分析

（1）《双十一优惠券》广告创意脚本

广告性质：商业广告。

广告特点：通过表现不同的人得到双十一优惠券所呈现出的不同反应夸张地展示其魅力。

广告风格：夸张。

故事脚本：不管是上班族、清洁阿姨还是公司老板或者是学生在得到双十一优惠券的时候都表现出特别的欣喜之情，优惠券所代表的不仅仅是一张小小的打折卡，更表现出人们对双十一节日的认可与它独一无二的魅力。

广告语：天猫双十一又要来了。

（2）《双十一优惠券》广告分镜头脚本（表7-3）

表7-3 《双十一优惠券》广告分镜头脚本

镜号	景别	画面描述	音效
1	特写	男角在一个休息场所右手端起咖啡，左手拿着购物券仔细端详，口中轻念其中内容，渐渐开始非常吃惊	You are my destiny
2	特写	男角看明白购物券之后，异常惊喜，前后张望想分享，手舞足蹈，激动的心情难以平复	You are my destiny
3	近景	女角在一幢大楼的楼梯间戴着帽子身穿工作服做着清洁工作，在清扫楼梯时发现楼梯上有一张购物券，捡起它拄着拖把仔细看着，越来越吃惊	You are my destiny
4	近景	女角看懂购物券的内容后，喜不自禁，右手把自己的打扫工具给扔开了，双手举起欢呼，在楼道中欢呼跳跃起来，左手紧抓着那张购物券	You are my destiny
5	特写	男角坐在咖啡厅里，桌上放着他买下的饮品，双手拿着一张购物券端详着，嘴角不自觉扬起微笑，向后靠了靠	You are my destiny
6	特写	男角右手拿起购物券，在半空中旋转，思考着怎么使用，心中暗喜不已，眼神中饱含着欢喜	You are my destiny
7	近景	男角站在校门口，背着书包，双手捏着从地上捡起的购物券，一脸的惊讶，然后捂着嘴巴不让自己笑出声，身子却止不住地后退	You are my destiny
8	特效	屏幕左上角，出现"天猫双十一又要来了"几个大字，然后天猫标志的小猫，看着观众	You are my destiny
9	特效	屏幕出现天猫海报，双十一购物狂欢节，五折狂购仅此一天，主题展现，天猫标志眨着眼睛仿佛也想参与	You are my destiny

(3)《双十一优惠券》广告故事板(图7-7)

图7-7 《双十一优惠券》广告故事板

（4）《双十一优惠券》广告截图（图7-8、图7-9）

图7-8 《双十一优惠券》广告截图1

图7-9 《双十一优惠券》广告截图2

（5）《双十一优惠券》广告解析：广告拍摄了不同身份的人，上班族、清洁阿姨、公司老板、学生在得到双十一优惠券的时候都表达出特别的欣喜之情，通过表现不同的人得到双十一优惠券所呈现出的不同反应，展现不同年龄的人接到双十一活动优惠券的喜悦表情和反应，用夸张的手法展现双十一活动的魅力。

四、《360随身wifi》产品广告解析

1. 广告名称：《360随身wifi》

2. 广告分析

（1）《360随身wifi》产品广告创意脚本

广告性质：商业广告。

广告特点：运用拟人的手法比喻人、手机、wifi的关系。

广告内容表现：运用拟人的手法阐述人、手机、wifi之间的联系，男生是人，女生是wifi，IBABY是一部手机，体现出wifi对当代社会的人的重要性。

广告风格：日式小清新。

故事脚本：男生原本和wifi是好友，但出现了可爱的IBABY，男生的目光被IBABY吸引，心思全部投入到IBABY身上了，和IBABY一起约会、玩耍，wifi一直在一旁伤心落寞地看着，最终准备离去。这时男生回忆起和wifi的美好时光，决定追回wifi，请求wifi的原谅。

广告语：手机再好，不及wifi一秒。

（2）《360随身wifi》产品广告分镜头脚本（表7-4）

表7-4 《360随身wifi》产品广告分镜头脚本

镜号	场景	景别	画面描述	音效/字幕
1	光谷资本广场	近景	男生和女生在逛商场（女生挽着男生的手，两个人有说有笑）	
2	光谷资本广场咖啡厅	近景	IBABY在人群中	
3	光谷资本广场商业街	特写	IBABY的脸	
4	光谷资本广场	特写	男生的脸愣住，眼睛放光	
5	光谷资本广场 回忆镜头	特写 近景	男生松开了女生的手，在人群中寻找IBABY	
6		特写	女生很惊讶	
7	光谷资本广场商业街	中景	女生跟着男生走过去，发现男生在跟IBABY打招呼	
8	光谷资本广场商业街	近景	男生和IBABY出去约会，女生和朋友（一个）聚会	
9	光谷资本广场商业街	特写	女生转头看到愣住	
10	光谷资本广场咖啡厅	近景	女生敷衍地朝同伴笑笑，低头搅咖啡，笑容消失（空）	
11	光谷资本广场商业街	近景	在街上女生匆忙走过去	
12	光谷资本广场商业街	近景	女生突然抬头看到男生和IBABY很开心地从旁边经过	
13	光谷资本广场商业街	特写	但他们并没有看到女生，女生停下，回头以黯然失望的眼神看向他们	

续表7-4

镜号	场景	景别	画面描述	音效/字幕
14	光谷资本广场	特写	大街上商场大屏幕中在播放手机随时间的发展会慢慢地消失（空）	旁白：淡化了现实人际交往，造成社交障碍、心理障碍以及感情的冷漠。而手机是这一现象的罪魁祸首
15	光谷资本广场	近景	IBABY听到后伤心地靠在男生肩膀上哭泣，男生安慰她	
16	光谷资本广场	近景	女生在出商场的时候看见男生和IBABY拥抱在一起，眼神意味深长（穿插男生女生原来甜蜜时光的回忆镜头）	
17	光谷资本广场	近景	男生女生开心打闹，男生温柔地抚摸女生的头发	
18	光谷资本广场	近景	男生坐在桌子旁边望向远方，不知道在想什么（空）	
19	光谷资本广场商业街	近景	女生在回家的路上	
20	光谷资本广场商业街	近景	女生遇到了男生转身就走，男生大步上前，抓住女生的手。女生甩开男生的手	
21	光谷资本广场商业街	特写	男生在奔跑，追赶女生，抓住女生的肩	
22	光谷资本广场商业街	特写	男生说我错了，一把抱住女生说永远不要离开我好不好	男生：我错了，永远不要离开我好不好
23	光谷资本广场商业街	特写	女生缓缓地抱住男生说，嗯。	

（3）《360随身wifi》产品广告故事板（图7-10）

图7-10 《360随身wifi》产品广告故事板

（4）《360随身wifi》产品广告截图（图7-11、图7-12）

图7-11 《360随身wifi》产品广告截图1

图7-12 《360随身wifi》产品广告截图2

(5)《360随身wifi》广告解析：运用拟人的手法比喻人、手机、wifi的关系，体现出wifi对当代社会的人的重要性。表现了广告语：手机再好，不及wifi一秒。

五、《Stay gold》广告解析

1. 广告名称：《Stay gold》

2. 广告分析

（1）《Stay gold》广告创意脚本

广告性质：商业广告。

广告特点：运用MV的形式表现少女到处行走，描述不一样的风景，不一样的感受。寓意时光会走远，影像能长存。

广告风格：青春自在，无拘无束，轻松随心。

故事脚本：看过大海，看过乔木，看过霓虹闪耀，看过明净天空，看过来往行人，步履匆匆……我们在世间行走着，经历不同的风景。但是对自然的热爱，对自由的向往，促使我们不断行走着，修行着。时光走远，影像长存。

（2）《Stay gold》广告分镜头脚本（表7-5）

表7-5 《Stay gold》广告分镜头脚本

镜号	景别	画面描述	音效/字幕
1	远景	清澈的湖水慢慢流动	湖水声
2	近景	一个齐肩短发的女生穿着白色衬衫，背着单肩包，站在湖边，背对镜头，望着湖对面	字幕（日语和中文）：如果不想晕船，那就去成为海洋 音乐：日语歌曲
3	特写	穿着白色短裙的女生站在湖边，白色的裙子随风轻轻地摆动	轻柔的背景音乐
4	中景	一棵百年老树，灰蓝的天空背景	轻柔的背景音乐
5	近景	女生在一片松树林中，右手握着围在脖子上的黑色围巾	轻柔的背景音乐
6	特写	阳光照在女生的浅棕色头发上	轻柔的背景音乐字幕（日语和中文）：万物皆有裂痕，那是光照进来的地方
7	特写	阳光照在女生的头顶	轻柔的背景音乐
8	近景	女生戴着棕色圆顶礼帽，背对镜头看着放在桌子上的透明相框，慢慢走向镜头	字幕（日语和中文）：过多一点自己的生活
9	近景	女生留着齐肩短发，戴着棕色圆顶礼帽，背着单肩包，右手拿着手机和粉色外套，左手轻轻触碰墙	轻柔的背景音乐
10	远景	灰蓝色的天空，城市建筑	轻柔的背景音乐
11	远景	灰蓝的天空，近处是一片稗子草，远处是一座桥	轻柔的背景音乐 字幕（日语和中文）：看多一点风景
12	远景	穿着白色针织衫、粉色裙子的齐肩短发女生，左肩背着黑色单肩包，左手拿着购物袋	轻柔的背景音乐
13	特写	女生微微仰起头望着天空，然后慢慢低下	轻柔的背景音乐
14	特写	穿着驼色大衣的女生左手缓慢放进口袋	轻柔的背景音乐
15	远景	身穿白色针织衫、粉色裙子的齐肩短发女生，右手拿着购物袋，左手整理了一下头发	字幕（日语和中文）：走多一点路

续表7-5

镜号	景别	画面描述	音效/字幕
16	近景	人行道红绿灯，蓝色的天空背景	轻柔的背景音乐
17	近景	齐肩黄色短发女生，围着灰色围巾，左侧对着镜头。背景是一幅城市画	轻柔的背景音乐
18	特写	齐肩黄色短发女生，穿着白色针织衫，手里提着购物袋，头缓慢向下	轻柔的背景音乐
19	远景	齐肩黄色短发女生，站在画面右侧，两手提着购物袋，左脸对着镜头，然后缓慢地望向镜头	轻柔的背景音乐 字幕（日语和中文）：聆听
20	远景	模糊的镜头，女生站在桥边	轻柔的背景音乐 字幕（日语和中文）：远方
21	近景	齐肩黄色短发女生，穿着白色针织衫，背着单肩包，左手整理下头发。背景是湖和城市建筑	字幕（日语和中文）：多看一点风景
22	远景	湖边一片松树，女生身穿白色针织衫、白色裙子，走在湖边	轻柔的背景音乐
23	远景	穿着白色针织衫、粉色裙子的齐肩短发女生，左肩背着黑色单肩包，左手拿着购物袋，站在江边	轻柔的背景音乐 字幕（日语和中文）：总有一处柔软的地方
24	远景	湖边，湖对面是城市建筑	字幕（日语和中文）：多走一点路
25	近景	一艘木船停在江边	轻柔的背景音乐
26	近景	身穿白色针织衫、围着黑色围巾的女生站在木船上，两手整理下围巾	轻柔的背景音乐 字幕（日语和中文）：拥抱你
27	远景	湖面，远处的城市建筑	轻柔的背景音乐
28	特写	背景湖面，女生手张开	轻柔的背景音乐 字幕（日语和中文）：总有一束光在你心中
29	中景	齐肩黄色短发女生，穿着白色针织衫、裙子，背着黑色单肩包，走在道路边	轻柔的背景音乐 字幕（日语和中文）：穿过灰暗的时刻
30	近景	齐肩短发女生围着黑色围巾，右手整理了下头发，然后缓慢放下	轻柔的背景音乐
31	远景	傍晚时分，湖边，一辆辆汽车从镜头前驶过	轻柔的背景音乐
32	特写	傍晚时分，路灯	轻柔的背景音乐
33	远景	齐肩短发女生，穿着白色针织衫、裙子，背对镜头，慢慢走去	轻柔的背景音乐 字幕（日语和中文）：照亮未来的谜底
34	近景	飞机的机翼，一大片云	轻柔的背景音乐
35	特写	女生斜45度望天空，两眼眨了下。背景是一座远处的桥	轻柔的背景音乐
36	远景	近处：桥上，红色的桥栏。远处：江面，江边的楼房	轻柔的背景音乐 字幕（日语和中文）：总有一处柔软的地方
37	远景	女生身穿黑色皮衣，细砂斑点裙。左手扶着红色桥栏	背景音乐 字幕（日语和中文）：在你走远之后
38	中景	女生身穿黑色皮衣，细砂斑点裙。双手扶着红色桥栏，头微微上扬	轻柔的背景音乐
39	特写	湖边，女生的发丝随风轻轻飘动	轻柔的背景音乐
40	中景	齐肩短发女生，身穿白色针织衫、裙子。女生右边有一棵凋零的树木。女生右侧着脸，头慢慢向上仰	轻柔的背景音乐 字幕（日语和中文）：又回到那里
41	全景	湖面	轻柔的背景音乐

（3）《Stay gold》广告故事板（图7-13）

图7-13 《Stay gold》广告故事板

（4）《Stay gold》广告截图（图7-14至图7-16）

图7-14　《Stay gold》广告截图1

图7-15 《Stay gold》广告截图2

图7-16 《Stay gold》广告截图3

（5）《Stay gold》广告解析：本广告主要运用MV的形式表现主题，通过拍摄少女到处行走的旅程，展示不一样的风景和少女的心情故事，通过不同的风景来表现主人公眼中的世界和积极的人生态度，以及对生活的美好追求。整体广告风格青春自在，无拘无束，轻松随心。通过镜头语言很好地展现了旅游的乐趣，表现"游走"旅游网（虚拟题目）带给人们的美好体验。

六、《Windows 8》产品广告解析

1. 广告名称：《Windows 8》

2. 广告分析

(1)《Windows 8》产品广告创意脚本

广告性质：商业广告。

广告特点：以三个女生为约会化妆时男朋友在楼下等的时间作为对比，突出Windows8系统的快速和美丽，显示幽默的效果，使人印象深刻。

广告风格：幽默诙谐。

故事脚本：一个周末，两个女生正在化妆准备约会去，女主角却在看电视，这时两个男生过来了，越等越焦急，伴随着急切的音乐，两个女生接到催促信息后也手忙脚乱起来，快速地化妆，结果眼影没画对位置，口红画出去了。这时男主角来了，女主角用了十秒钟就画好妆和男朋友出门了，只留下看呆的化妆女生和还在苦苦等待的两个男生。整篇以黑白哑剧配上卓别林电影的背景音乐，突出其幽默诙谐。

广告语：Beautiful and fast, Windows 8。

(2)《Windows 8》产品广告分镜头脚本（表7-6）

表7-6 《Windows 8》产品广告分镜头脚本

镜号	景别	画面描述	音效/字幕
1	远景	从美丽的天空照到寝室大门，然后延伸到寝室门口	愉快的背景音乐
2	近景	每个人的桌子，凸显每个人的性格	
3	中景	A女、B女坐在地垫上化妆，C女在看电视	
4	近景	A女化妆、手法很慢，在画眉毛	电视音
5	近景	B女化妆、手法相对熟练，在画眼影	
6	远景	远处从上看下去，两个男的见面打招呼	杨：你也在这啊 何：等我女朋友啊 杨：我也是
7	特写	两部手机一直在振动（男朋友发信息催）	（急切的背景纯音乐）
8		从树切换到女寝室	
9	近景	A女看到手机一直振动就不小心画歪了眉毛	手机振动的声音　A女：啊
10	近景	B女回短信之后急得把眼影画错位置了	B女：我的天
11		从女寝阳台往下看	
12	远景	两个男生已经不耐烦了	（急切的背景纯音乐）
13	特写	手机飞转，跳一分钟：57—58分	钟表转动的声音
14		从马路中间的黄线一直到寝室楼下的树林	轻松愉悦的音乐
15	中近景	C男慢悠悠地走过来发了短信	
16	近景	C女看了手机之后	"叮"手机信息
17	特写	C女回短信	按键音
18	近景	C女在纸上画好颜色，然后把整个面部贴到纸面上	快速愉快的音乐

续表7-6

镜号	景别	画面描述	音效/字幕
19	特写	C女画好了美丽的妆容	轻松愉悦的音乐
20	中景	C女起身走出镜头的同时，A、B女头随之转过去	
21	特写	从C女穿的鞋子到她的头，然后回眸一笑	
22	中景	C女带门走出	关门声和C女：我先走了
23	近景	A、B女看着门一脸惊讶	搞笑悲伤的音乐
24	远景	C女从宿舍走出来，挽着C男一起愉快地离开了	轻松愉悦的音乐
25			Beautiful and fast和Windows 8的logo
26		屏幕从黑到亮	搞笑的音乐
27	特写	A、B男一脸惊讶地看着他们离去，然后看向楼上，欲哭无泪	

(3)《Windows 8》产品广告故事板（图7-17）

图7-17 《Windows 8》产品广告故事板

(4)《Windows 8》产品广告截图(图7-18至图7-20)

图7-18 《Windows 8》产品广告截图1

图7-19 《Windows 8》产品广告截图2

图7-20 《Windows 8》产品广告截图3

（5）《Windows 8》广告解析：运用幽默诙谐的手法，以三个女生为约会化妆时男朋友在楼下等的时间作为对比，突出Windows 8系统的美丽和快速，显示幽默的效果，使人印象深刻。

七、《肯德基咖啡》产品广告解析

1. 广告名称：《肯德基咖啡》

2. 广告分析

（1）《肯德基咖啡》产品广告创意脚本

广告性质：肯德基咖啡产品广告。

广告特点：以肯德基咖啡杯为对话媒介，让感情更加亲近。

广告风格：轻松有趣，体现人文关怀。

故事脚本：女主角和闺蜜一起去肯德基喝咖啡时，抱怨自己对男主角感情的不确定。闺蜜却在女主角和男主角视频聊天时推了一把——在女主角的咖啡杯盖子侧边写上了一句话："你在追我吗？"让男主角以为是女主角的暗示。男主角也表达了自己的感情，使两个别扭的人最终走到了一起。一个惬意的午后，两杯香醇的咖啡，她向她的闺蜜倾诉着有关爱情的甜蜜烦恼，一切不确定的因素却因为闺蜜善意的行为和那杯咖啡变得美好而坚定。

广告语：让对话更有温度。

（2）《肯德基咖啡》产品广告分镜头脚本（表7-7）

表7-7 《肯德基咖啡》产品广告分镜头脚本

镜号	景别	画面描述	拍摄角度	音效
1	特写	首先出现在画面里的是肯德基大门上方清晰的广告牌，这时传来一个女孩的声音——"他每天都会等我耶。"	呈夹角俯拍	女主角与他人说话的声音 稍微嘈杂的背景声
2	近景	在肯德基里靠窗的位置，女主角和她的闺蜜倾诉道："可是中午的时候，他又会跟他那些女同事去吃饭。"	摄像机摆于闺蜜的斜后方，对准女主角的脸	女主角与他人说话的声音 稍微嘈杂的背景声
3	近景	闺蜜原本期待地看着她，听到这话微微皱眉，带着不认可的态度缓慢地摇了摇头	此时机位处于女主角的右后方，对准闺蜜的脸	稍微嘈杂的背景声
4	小全景	女主角有点纠结地将手交叉着握在一起，（作思索状）似乎想到了什么，将下巴抵在手指前，高兴地继续说道："可是下班的时候，他都会送我回家。"	从她们桌子的斜侧方拍摄	说话声 稍微嘈杂的背景声
5	近景	闺蜜睁大眼睛，眉毛往上一耸，带着有点坏坏的笑容看着女主角点了点头："嗯~"	女主角肩后方	说话声 稍微嘈杂的背景声
6	近景	女主角嘴边洋溢着幸福的微笑，害羞地低着头，用交叉的手抵着嘴唇，紧接着又不确定地抬起头来："可是我要跟他byebye的时候，（手机铃声响起）他却又走了。"	女主角前侧方	说话声 稍微嘈杂的背景声

续表7-7

镜号	景别	画面描述	拍摄角度	音效
7	中景	女主角惊喜地看向桌上的手机（闺蜜也看向女主角的手机），用很小的声音对闺蜜说："是他耶！"闺蜜抬头鼓励女主角："问他啦！"	机位架于两人的正侧方	说话声 稍微嘈杂的背景声
8	近景	女主角赶紧撩了下头发，羞涩笑道："我不敢啦。"（说话时）她将手机拿起，（说完后）按了接听键	闺蜜肩后方	说话声 稍微嘈杂的背景声
9	中景	女主角举着手机，带着笑容朝对方打了个招呼："嗨。"对方说道："嗨，你在干嘛？"与此同时，闺蜜趁女主角没有注意，偷偷将女主角的咖啡杯挪到自己这边。女主角回答道："我在喝咖啡。"	机位架于两人的正侧方	说话声 稍微嘈杂的背景声
10	特写	画面转到女主角的手机，视频中出现的男生笑得很阳光，他举起手里的咖啡："我也在喝咖啡。"	女主角肩上方	说话声 稍微嘈杂的背景声
11	近景	"是哦！怎么没想说约一下啊"此时闺蜜正在杯子上写字	闺蜜肩后方	说话声 稍微嘈杂的背景声
12	近景	女主角看着手机说道（此时已经说完上一句话）	镜头从闺蜜肩后缓缓移到拿着手机的女主角	稍微嘈杂的背景声
13	中景	男主角："你不是今天下午要出去买东西吗？"此时闺蜜又悄悄地将咖啡杯一点一点挪回女主角手边	机位架于两人的正侧方	说话声 稍微嘈杂的背景声
14	特写	"嗯，买完了啦。"女主角一边回答一边顺势将手靠在桌上。而她手边那杯咖啡上赫然写着："你在追我吗？"	闺蜜肩膀后侧方	说话声 稍微嘈杂的背景声
15	中景	女主角并没有注意到自己的杯子，仍旧和对方聊得很开心。闺蜜佯装淡定（其实有点小期待）地看着女主角握住杯子。 男主角："已经买完了？这么快。"女主角点了点头："嗯……"顺势把咖啡端起	机位架于两人的正侧方	说话声 稍微嘈杂的背景声
16	特写	在男主角的手机屏幕上，女主角端着写着"你在追我吗？"的杯子（出现字幕：你在追我吗）	手机屏幕前方（微微侧15度角）	稍微嘈杂的背景声
17	特写	画面又切回女主角这边，女主角发现男主角的表情突然有些羞涩（男主角由犹豫变为坚定）。"怎么了吗？"女主角问道。（Bgm响起）男主角微笑，开始在杯子上写字	女主角肩后方	说话声 Bgm
18	中景	女主角有点好奇地捋了下鬓角，和闺蜜眼神交流了一下，此时闺蜜也满怀期待地偷偷抬眼看向女主角	机位架于两人的正侧方	Bgm
19	特写	视频里，男主角带着坚定的笑容将咖啡杯转向女主角，并把杯子伸到镜头下，此时可以清晰地看到上面写着："那我可以追你吗？"	机位处于女主角脸颊旁	Bgm
20	近景	女主角的呼吸在那一瞬间变得粗重，不敢置信地用手捂住了嘴，脸上带着狂喜，悄声对闺蜜说："他在跟我告白耶！"	从闺蜜的肩后	Bgm 说话声

续表7-7

镜号	景别	画面描述	拍摄角度	音效
21	中景	女主角看着手机，忍不住傻笑起来。闺蜜端着咖啡凑到嘴边，有点得意地偏头望向窗外	她们的正侧方	Bgm 女主角的笑声
22	（广告落幅）	特写那杯写着"你在追我吗？"的咖啡，同时出现广告宣传语——"让对话更有温度，Coffee"	照片形式	Bgm 女主角的笑声渐渐淡出 悠扬的画外音："让对话更有温度，Coffee。"

（3）《肯德基咖啡》产品广告故事板（图7-21、图7-22）

图7-21 《肯德基咖啡》产品广告故事板1

图7-22 《肯德基咖啡》产品广告故事板2

（4）《肯德基咖啡》产品广告截图（图7-23）

图7-23 《肯德基咖啡》产品广告截图

（5）《肯德基咖啡》广告解析：广告整体氛围轻松有趣。让咖啡杯成为媒介，体现了广告创意，让对话更有温度。

八、《提神醒脑，一点就通》产品广告解析

1. 广告名称：《提神醒脑，一点就通》

2. 广告分析

（1）《提神醒脑，一点就通》产品广告创意脚本

广告性质：风油精产品广告。

广告特点：通过日常生活中一些让人抓狂的瞬间，体现风油精的特点。

广告内容表现：表现生活中的一些日常细节，平常人经常会遇到的一些麻烦，此时表现出风油精提神醒脑的用处，让人手足无措时有一个清醒的头脑。

广告风格：幽默搞笑，夸张。

故事脚本：

画面一：一名女子右手提着收拾好的垃圾，左手提着包出门下楼梯，走到垃圾桶前顺手扔掉了左手的包，提着那袋垃圾呈晕倒状，一只手一点太阳穴，女生就精神了。

画面二：一名男子刷卡买东西的时候，拿出卡套发现自己竟然带成了身份证，站在收银台前呈晕倒状，一只手一点太阳穴，男子就精神地递给收银员银行卡。

画面三：一个女生在田径场跑步，跑两步发现脚变凉，一看穿着的是拖鞋，呈晕倒状，一只手一点太阳穴，女生就精神了，最后穿着运动鞋继续跑步。

广告语：提神醒脑，一点就通。

（2）《提神醒脑，一点就通》产品广告分镜头脚本（表7-8）

表7-8 《提神醒脑，一点就通》产品广告分镜头脚本

镜号	场景	景别	画面描述	音效
1	楼梯	全景	一名女子右手拎着一袋垃圾，左手拿着包下楼梯	背景音乐
2	楼梯	近景	下楼梯时腿部以及手部的动作	背景音乐
3	楼梯	近景	上半身肢体动作，面露疲倦	背景音乐
4	楼梯口	全景	右转	背景音乐
5	楼下	中景	走向垃圾桶，把包扔了进去	背景音乐
6	楼下	特写	包在垃圾桶里	背景音乐
7	楼下	近景	一只手戳了戳女子的太阳穴，女子震惊地看着手里剩下的垃圾袋	背景音乐，特效音
8	超市	全景	一名男子推着购物车，精神不振，揉眼	背景音乐
9	超市	近景	推购物车，慢慢走近	背景音乐
10	超市	中景	边推边从货架上拿下东西扔进购物车	背景音乐
11	超市	中景	推着购物车走进收银台通道，把要买的东西放到收银台上	背景音乐
12	超市	中景	打着哈欠等待付款	背景音乐
13	超市	近景	准备刷卡却拿出身份证递给收银员	背景音乐

续表7-8

镜号	场景	景别	画面描述	音效
14	超市	俯拍特写	手中拿着身份证	背景音乐
15	超市	脸部特写	一只手戳了戳男子的太阳穴，男子面露震惊	背景音乐，特效音
16	超市	特写	递出了银行卡	背景音乐
17	操场	中景	一个女生闭着眼摇摇晃晃地跑过来	背景音乐
18	操场	中景（腿部）	一只脚穿着拖鞋一只脚穿着运动鞋，跑了两步拖鞋掉了，女生停下来	背景音乐
19	操场	特写（脸部）	呈晕倒状时一只手伸过来戳了女生的太阳穴，女生一下子清醒过来	背景音乐，特效音
20	操场	特写（膝盖以下）	两只相同的运动鞋穿在脚上继续跑起来	背景音乐
21			三个情节的主角震惊的表情依次从左到右排列，形成分屏特效	背景音乐
22			定板：风油精LOGO	背景音乐

（3）《提神醒脑，一点就通》产品广告故事板（图7-24）

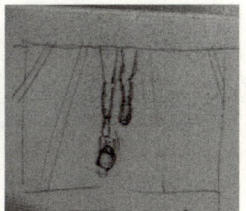

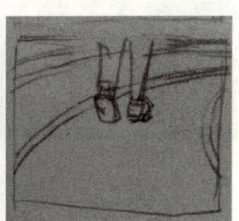

图7-24 《提神醒脑，一点就通》产品广告故事板

（4）《提神醒脑，一点就通》产品广告截图（图7-25至图7-27）

图7-25 《提神醒脑，一点就通》产品广告截图1

图7-26 《提神醒脑，一点就通》产品广告截图2

图7-27 《提神醒脑,一点就通》产品广告截图3

(5)《提神醒脑,一点就通》产品广告解析:广告风格幽默、夸张,通过日常生活中一些让人抓狂的瞬间,体现产品提神醒脑的特点。

九、《NIKE》产品广告解析

1. 广告名称：《NIKE》

2. 广告分析

（1）《NIKE》产品广告创意脚本

广告性质：商业广告。

广告风格：小清新。

故事脚本：我，一个天生爱跑的女孩。我的世界跟所有女孩的一样，有哭、有笑、有汗水也有梦想。我喜欢穿上跑鞋奔跑。因为这让我感觉自己就像一只鸟，自由地在天空中翱翔，不怕风、不畏雨。我喜欢在不同的地方奔跑：水泥地、柏油地、沙砾地，不同质感可以给我带来前所未有的体验与挑战。我也喜欢奔跑时沿街的风景——不断向后的栏杆、被风吹起的树叶、绚烂的霓虹灯和来来往往的路人。这个世界对我来说如此美好，所以不管什么地方，什么路，只要我能跑，我一定不会停下我的步伐！不管现实多残酷，多挫折，只要梦想还在，我就一定不会放弃！这就是我，说做就做。

广告语：耐克跑鞋，爱荣耀，爱挫折，爱运动。

（2）《NIKE》产品广告分镜头脚本（表7-9）

表7-9 《NIKE》产品广告分镜头脚本

镜号	景别	画面描述	音效/字幕
1	远景（或者插入空镜头）	在学校操场跑道正中间向前移动镜头，以及旁边的树呼啸而过的场景	
2	近景	二分之一的小腿加脚后跟外带点跑道的场景	
3	近景	演员系鞋带的剪影	
4	中近景	阳光下的跑道	
5	特写	演员脸部特写，演员闭眼，再慢慢睁开	旁白："预备"
6	特写	镜头下滑到嘴部特写	
7	近景	从侧面拍摄演员预备跑步的姿势	
8	特写	演员左肩占镜头右边的三分之一（演员已经开跑了），模糊过去	旁白"跑"
9	全景	演员在操场上跑步，俯视的镜头（要看得清演员的脸）	
10	远景	仰拍校园小树林有阳光时的场景	空灵的声音（树叶被风吹拂的窸窸窣窣的声音，微风吹过的声音，水的声音）
11	近景	演员跑在树林中（拍腿部至地面）	空灵的声音（树叶被风吹拂的窸窸窣窣的声音，微风吹过的声音，水的声音）
12	1.特写 2.中景	1.拍摄鞋子，在树林跑步时的脚 2.演员扎头发的过程	配音："足弓发力，脚尖踩下去，我，爱上了跑。"
13	全景（或者插入空镜头）	光影效果的马路	

续表7-9

镜号	景别	画面描述	音效/字幕
14	远景 特写	斜后方拍摄演员在人行道上奔跑。斜切到脚步奔跑的特写(地点暂定艺术楼那边)	配音："我爱上了水泥地、柏油地、砂砾地的不同触感。"
15	全景	晃拍马路上的斑马线,背景做成黑白的(地点暂定艺术楼那边)	
16	特写	演员手摸路边的树	
17	特写	演员跑步脚带起树叶的特写	
18	近景	演员头发扎好后望向天空	配音："我爱上了脱下高跟鞋。" "和把头发扎起来。"
19	特写	随着奔跑自然地晃动着马尾(特效:要求那种忽快而定格的感觉)	
20	近景	拍摄演员扶着栏杆正在休息(背面)	
21	特写	脚踏在栏杆上	
22	近景	拍摄演员将头发扫过镜头后露出的四分之三侧脸(画面模糊,有夕阳作为背景)	
23	全景 特写	拍摄演员正脸,演员手张开享受着奔跑的感觉(效果要加上光晕) 转而拍摄手部的特写	配音："爱上风与皮肤在摩擦。"
24	特写	演员转圈,拍摄鞋子动态特写	配音："爱上无负担的向前奔跑。"
25	全景(或空镜头)	跑道,人流不同时间段的切换	配音："会动的跑道,回头的路人。"
26	特写	镜头从嘴部扫到眼部(侧拍)	配音："爱上余光扫到的一切。"
27	特写	演员脸部、鞋部的特写	配音："不管雨多大,风多狂,路多烂,只要梦想有了,世界就亮了。"
28	近景(背面)	迎着晨曦甩了下马尾,头晃动了两下,拨动了一下头发(斜左上方光晕特效)	
29	特写	鞋的正面加侧面的特写	配音："跑!"
30		背景模糊,字幕跳出	字幕:Just do it
31		背景变黑,耐克标志浮现	配音："耐克跑鞋,爱荣耀,爱挫折,爱运动。"

(3)《NIKE》产品广告故事板(图7-28)

图7-28 《NIKE》产品广告故事板

（4）《NIKE》产品广告截图（图7-29）

图7-29 《NIKE》产品广告截图

（5）《NIKE》产品广告解析：广告整体风格清新、自然，通过一个天生爱跑的女孩的自白，体现她和所有女孩一样，有哭、有笑、有汗水也有梦想，体现了核心广告语：耐克跑鞋，爱荣耀，爱挫折，爱运动。

十、《一飞冲天》商业广告解析

1. 广告名称：《一飞冲天》

2. 广告分析

（1）《一飞冲天》广告创意脚本

广告性质：商业广告。

广告特点：运用MV的形式表现一只鸵鸟戴上三星VR眼镜之后，看到了美丽的天空，产生了无限的向往，然后蹒跚地学习飞行，历经磨难，最后一飞冲天。

广告内容表现：鸵鸟偷吃零食的时候不小心戴上三星VR眼镜，然后通过它对天空产生了向往等一系列举动进行表现。

广告风格：幽默风趣。

故事脚本：一个美丽的错误让鸵鸟戴上了VR眼镜，让从未见过天空的它领略到了天空的风采,从而产生了无限的向往。为了到达那美丽的殿堂,即使失败,即使被嘲笑,即使摔倒也要不懈努力。只有这样最终才能一飞冲天。

广告语:We make what can't be made.So you can do what can't be done.Do what you can't.(我们做了我们不能做的。所以你也能做你所不能。挑战你所不能。)

(2)《一飞冲天》广告分镜头脚本(表7-10)

表7-10 《一飞冲天》广告分镜头脚本

镜号	景别	画面描述	音效/字幕
1	全景	连绵的青山与远处湛蓝的天空将画面一分为二	背景声:虫鸣,鸟叫声
2	中近景	一群鸵鸟在左边的一棵大树旁悠闲地眺望远方,背后是美丽的蓝天白云	背景声:虫鸣声
3	特写	一只鸵鸟伸高了头颅眺望远方	背景声:虫鸣声
4	中景	一只鸵鸟慢慢踱步到远处蓝天下白色的房子前面	背景声:虫鸣声
5	近景	一只鸵鸟望了望,没人,然后偷吃两个凳子中间的桌子上盘子里的食物,盘子左边放了一个VR眼镜,右边放了一套茶具和一个音箱	背景声:虫鸣声,鸵鸟走路的声音、吃东西的声音和它的叫声
6	特写	鸵鸟吃东西时不小心戴上了VR眼镜	背景声:虫鸣声,鸵鸟的叫声
7	远景	VR眼镜里面天空的景色	背景音乐:rocket man
8	特写	鸵鸟眼睛里面倒映着天空的景色,眼睛慢慢睁大	背景音乐:rocket man
9	特写	鸵鸟戴着VR眼镜晃动着脑袋	背景音乐:rocket man
10	远景	VR眼镜里面天空的景色	背景音乐:rocket man
11	特写	鸵鸟戴着VR眼镜张大了嘴巴。镜头对准鸵鸟头部	轻柔的背景音乐
12	特写	鸵鸟戴着VR眼镜向着天空张开了翅膀不停舞动	背景音乐:rocket man
13	中景	鸵鸟戴着VR眼镜在草地上奔跑	背景音乐:rocket man
14	特写	鸵鸟脚部交叉快速奔跑。镜头对准鸵鸟脚部	背景音乐:rocket man
15	远景	鸵鸟戴着VR眼镜快速地从草地上跑过,引起四只鸵鸟观看,其他两只望着远方的天空与山脉	背景音乐:rocket man
16	特写	四只鸵鸟伸长脖子看向它。镜头对准鸵鸟颈部和头部	背景音乐:rocket man
17	远景	鸵鸟戴着VR眼镜张开翅膀飞速奔跑跑向鸵鸟群	背景音乐:rocket man
18	中近景	鸵鸟戴着VR眼镜快速地跑向鸵鸟群并且从中间撞开了那群鸵鸟	背景音乐:rocket man
19	特写	鸵鸟脚部交叉快速跑过,路过远处的鸵鸟群,镜头对准鸵鸟脚部	背景音乐:rocket man
20	远景	鸵鸟戴着VR眼镜张着翅膀快跑并且张着翅膀尝试跳跃了一下。背景为地平线和天空	背景音乐:rocket man
21	近景	鸵鸟狠狠摔倒并且滚了两圈	背景音乐:rocket man 鸵鸟的叫声
22	中景	五只鸵鸟伸长脖子看向那只摔倒的鸵鸟的方向	背景音乐:rocket man
23	远景	夕阳下鸵鸟戴着VR眼镜张着翅膀站在黄色草地中间,草地上有两个丘陵	背景音乐:rocket man
24	近景	夕阳下鸵鸟戴着VR眼镜低着头在沉思,远处太阳已经快落到山脉下	背景音乐:rocket man
25	远景	晚上月亮在半空,鸵鸟戴着VR眼镜垂着翅膀远离着鸵鸟群独自在沉思	背景音乐:rocket man
26	近景	晚上鸵鸟戴着VR眼镜张开翅膀	轻柔的背景音乐
27	特写	鸵鸟头部从下面伸出来,特写头部	背景音乐:rocket man
28	近景	鸵鸟站在地上眺望远方	背景音乐:rocket man
29	特写	鸵鸟头部微微上扬看向天空	背景音乐:rocket man
30	特写	鸵鸟右腿微微向后退了一步	背景音乐:rocket man
31	特写	鸵鸟眼神坚定地看向远方	背景音乐:rocket man
32	中景	鸵鸟抖动着翅膀快速地朝着前面跑去,跑过一片山地	背景音乐:rocket man
33	远景	鸵鸟抖动着翅膀快速地朝着前面跑去,跑过一片平原	背景音乐:rocket man

续表7-10

镜号	景别	画面描述	音效/字幕
34	特写	鸵鸟腿部特写，腿部快速交叉跑动	背景音乐：rocket man
35	近景	鸵鸟目光坚定的大大张开自己的翅膀并且用力挥动	背景音乐：rocket man
36	特写	鸵鸟腿部特写，鸵鸟腿部快速交叉奔跑，最后腾空而起	背景音乐：rocket man
37	中景	一群鸵鸟惊奇又向往地望着起飞的鸵鸟，并且向着它飞起来的方向追逐而去	背景音乐：rocket man
38	远景	镜头由上往下拍，鸵鸟们追逐着起飞的鸵鸟，而起飞的鸵鸟只能看到由太阳投射下来的飞翔的影子	背景音乐：rocket man
39		黄色的土地背景出现白色的广告语：We make what can't be made	背景音乐：rocket man
40	中景	鸵鸟展翅高飞的影子被太阳投射在黄色的土地上随着它的身影而移动	背景音乐：rocket man
41	全景	连绵的青山与远处湛蓝的天空将画面一分为二。中间白色的广告语：So you can do what can't be done	背景音乐：rocket man
42		黑屏 中间广告语:Do What You Can't	背景音乐：rocket man
43		黑屏 中间出现三星logo	背景音乐：rocket man

（3）《一飞冲天》广告故事板（图7-30）

图7-30 《一飞冲天》广告故事板

（4）《一飞冲天》广告截图（图7-31至图7-33）

图7-31 《一飞冲天》广告截图1

图7-32 《一飞冲天》广告截图2

图7-33 《一飞冲天》广告截图3

（5）《一飞冲天》广告解析：本广告主要运用MV的形式表现主题，一个美丽的错误让鸵鸟戴上了VR眼镜，让从未见过天空的它领略到了天空的风采，从而产生了无限的向往。为了到达那美丽的地方，即使失败，即使被嘲笑，即使摔倒也要不懈努力。只有这样才能一飞冲天。广告幽默风趣，励志感人。通过镜头语言很好地表现了广告的核心理念。

十一、OPPO手机广告解析

1. 广告名称：OPPO手机

2. 广告分析

（1）OPPO手机广告创意脚本

广告性质：商业广告。

广告特点：广告融画面声音为一体，把产品的优势信息巧妙地融入美好的爱情故事里，唯美浪漫，令人向往。

广告内容表现：用一对年轻的情侣之间甜蜜的互动来表现，通过手机的镜头记录他们甜蜜的互动，通过使用产品的人的表现使观众觉得这是生活密不可分的一部分。

广告风格：青春时尚，唯美浪漫。

故事脚本：一位年轻的男士领着一位蒙着眼睛的女士，准备给她一个惊喜，摘下眼罩的瞬间，女士惊喜地看着周围的布置，男士拍下了她瞬间惊喜的表情，伴随着音乐，他们记录下了这美好的一刻。

广告语：无与伦比。

（2）OPPO手机广告分镜头脚本（如表7-11）

表7-11　OPPO手机广告分镜头脚本

镜号	景别	画面描述	音效/字幕
1	近景	一位男士扶着一位蒙着眼睛的女士下车	背景音乐
2	近景	男士扶着女士走下楼梯，远处是给她准备的惊喜	背景音乐 字幕（俄语男声）：真正的惊喜
3	近景	女士摘下眼罩，惊喜地看着周围，男士拿着手机，眼睛看着她	背景音乐 字幕（俄语男声）：真实的感觉
4	特写	男士伸着手用手机自拍，镜头里他们相视一笑，按下了快门，背景有人在弹钢琴	背景音乐 快门声 字幕（俄语男声）：真实的你

续表7-11

镜号	景别	画面描述	音效/字幕
5	特写	画面拉近，男士放大了照片里女士开心的笑脸	背景音乐 字幕（俄语男声）：从来没见过这么美丽的自拍
6	中景	男士牵着女士的手转了个圈，又拍了张照，画面右边有个人在弹钢琴	背景音乐 快门声
7	近景	男士拉着女士转了个圈回到自己怀里，两个人看向手机微笑着拍了张照	背景音乐 快门声
8	特写	画面拉近，男士手上拿着手机，在翻看之前拍的照片	字幕（俄语女声）：真正的美丽
9	特写	两人对视，女士右手搭着男士的脖子，两人同时扭头看向镜头微笑，男士眨了下眼睛	背景音乐 字幕（俄语）：无与伦比
10	近景	画面拉远，有只手拿着手机在拍他们两个	背景音乐

（3）OPPO手机广告故事板（图7-34）

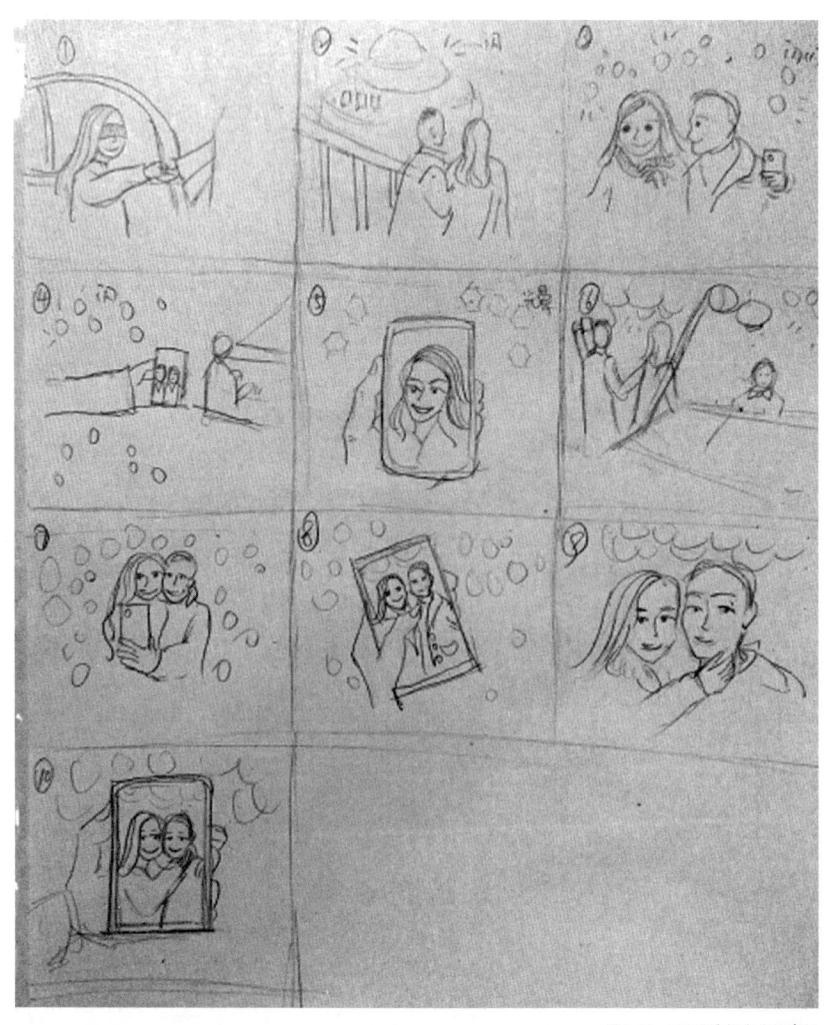

图7-34 OPPO手机广告故事板

（4）OPPO手机广告截图（图7-35）

图7-35　OPPO手机广告截图

（5）OPPO手机广告解析：广告融合了画面和声音，把产品的优势信息巧妙地融入美好的爱情故事里，唯美浪漫，令人向往。情侣之间给对方准备惊喜，而且用手机的镜头来记录他们甜蜜的爱情，广告的切入点不是产品或服务，而是使用它们的人，使观众觉得产品或服务已经成为生活不可缺少的一部分。整体广告风格：青春时尚，唯美浪漫。通过镜头语言很好地表现了广告的核心理念。

十二、《香飘飘》广告

1. 广告名称：《香飘飘》

2. 广告分析

（1）《香飘飘》广告创意脚本

广告性质：商业广告。

广告特点：运用MV的形式表现，体现不同的人在繁忙工作中，小饿小困，喝杯香飘飘，解困解乏。

广告内容表现：通过在工作中喝了香飘飘后的愉悦轻松来表明香飘飘的香醇以及功效，又通过新西兰牧场、印度茶园来表明产品成分出处，表现其健康天然。

广告风格：轻松愉悦，活力自然。

故事脚本：工作繁忙，熬到深夜，来杯香飘飘，换种心情，换种态度，愉悦且有活力地重新投入到工作中去。

（2）《香飘飘》广告分镜头脚本（表7-12）

表7-12 《香飘飘》广告分镜头脚本

镜号	景别	画面描述	音效/字幕
1	中景	白天的工作室里，人们忙碌地工作着	并不清晰的工作喧闹声
2	近景	一位男士坐着工作时，眼睛左瞟一下，捂着肚子	肚子饥饿时的咕噜咕噜声
3	近景	男士捂着肚子，慢慢趴在办公桌上	肚子饥饿时的咕噜咕噜声 字幕：小饿小困
4	近景	一位女士左手撑着脸颊打着瞌睡又惊醒	肚子饥饿时的咕噜咕噜声 字幕：小饿小困
5	近景	男主角右手拿一杯香飘飘微笑面对镜头说话	字幕：喝点香飘飘
6	特写	水冲泡香飘飘冲起一片水花	活力愉悦的背景音乐 字幕：香飘飘奶茶
7	远景	新西兰牧场，天空湛蓝，白云快速飘动，几十头奶牛在广阔的绿油油的草地上悠闲地吃草	活力愉悦的背景音乐 奶牛哞叫声 字幕：新西兰奶源
8	远景	印度茶园，天空湛蓝，白云快速飘动，地上种植着一片广阔的绿油油的茶	活力愉悦的背景音乐 字幕：印度红茶
9	近景	男主角右手拿一杯热气腾腾的香飘飘在喝	活力愉悦的背景音乐 字幕：一年12亿人次在喝
10	近景	先前那位困倦的女士右手拿一杯热气腾腾的香飘飘在喝，表情愉悦	活力愉悦的背景音乐 字幕：一年12亿人次在喝
11	近景	先前那位饥饿的男士右手拿一杯热气腾腾的香飘飘在喝，表情愉悦	活力愉悦的背景音乐 字幕：一年12亿人次在喝
12	近景	又一位女士右手拿一杯热气腾腾的香飘飘在喝，表情愉悦	活力愉悦的背景音乐 字幕：一年12亿人次在喝

续表7-12

镜号	景别	画面描述	音效/字幕
13	中景	夜晚，窗外灯光闪烁，办公室里一群人还在忙碌，以男主角为代表的七人围在放着盏台灯的桌子旁，每人都或拿或放着一杯香飘飘，谈论工作	活力愉悦的背景音乐 字幕：小饿小困
14	中景	男主角靠坐在办公桌一角，面向左边，身穿西装，左手插兜，右手拿一杯香飘飘准备喝，表情愉悦。四杯香飘飘并列放置在画面上方，上方是红色的香飘飘字样	活力愉悦的背景音乐 字幕：喝点香飘飘

（3）《香飘飘》广告故事板（图7-36）

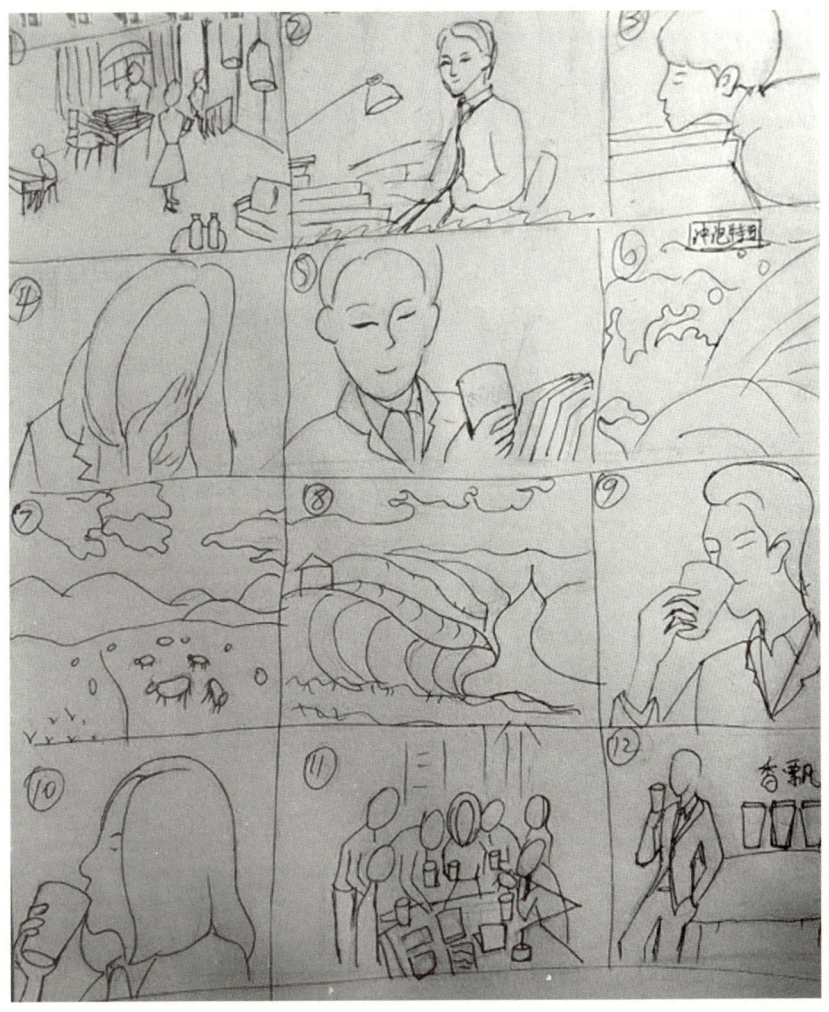

图7-36 《香飘飘》广告故事板

（4）《香飘飘》广告截图（如图7-37）

图7-37 《香飘飘》广告截图

（5）《香飘飘》广告解析：本广告主要运用MV的形式表现主题，体现不同的人在繁忙工作中小饿小困的状态，喝杯香飘飘，解困解乏。在此运用了前后对比的手法来展现，喝之前和喝之后人们截然不同的精神面貌无疑是对香飘飘作用的最好诠释；中间也穿插着香飘飘成分产源地的美丽壮阔风景，来展现香飘飘的特点——天然健康。整体广告风格：轻松愉悦，活力自然。通过镜头语言很好地表现了广告的核心理念。

十三、《好丽友"三八线"篇》广告

1. 广告名称：《好丽友"三八线"篇》

2. 广告分析

（1）《好丽友"三八线"篇》广告创意脚本

广告性质：商业广告。

广告特点：运用校园电影的表现形式，唤起了受众对童年的回忆，对友情的怀念，也就对好丽友派产生了很好的印象，将其与友情相联系，并且产生购买欲望。

广告内容表现：利用校园轻松欢乐的环境，教室间同桌两个人的小打小闹，通过一条"三八线"友谊愈加升温。男孩用空的好丽友包装袋逗女孩，女孩生气，在桌上用粉笔画了一条"三八线"，男孩知道错了，又拿出好丽友·派给女孩，两个小孩赌气，一来一往，袖子将粉笔线都擦干净了。小时候被同桌捉弄或是捉弄同桌，都是美好的回忆，给人一种愉快甜蜜的感觉。

广告风格：轻松幽默，青春自由。

故事脚本：背景音乐通过唱好丽友广告词，充分契合商品与视频内容，最后"友情无界限，好丽友，好朋友"。

广告语：好丽友～好丽友～知心的朋友，离不开的好朋友，好丽友，离不开的好朋友，好丽友。

（2）《好丽友"三八线"篇》广告分镜头脚本（如表7-13）

表7-13　《好丽友"三八线"篇》广告分镜头脚本

镜号	景别	画面描述	音效/字幕
1	近景	一个小男孩坐在座位上，拿着一袋好丽友偷偷地望着旁边座位的女同桌笑	教室内同学间打闹的杂乱声
2	近景	小男孩把好丽友递给女同桌	教室内同学间打闹的杂乱声
3	近景	女同桌拆开好丽友，发现是空的，把空袋子丢给小男孩，样子很生气	女孩撕包装袋的声音和教室内同学打闹的声音
4	特写	女孩站起来用白色粉笔在桌子中间画了一道线，桌子的左边放着一只空的好丽友包装袋	教室内同学的笑声和凳子移动的声音
5	中景	女孩生气地坐下，指着空的好丽友包装袋对男同桌说话	教室内同学下课嬉闹的声音
6	近景	小男孩用右手撑着头思考	
7	全景	教室窗户缓缓移过去	
8	特写	小男孩从教室抽屉里拿出好丽友·派	
9	近景	小男孩把好丽友·派放到桌子上，用胳膊肘把它推到女同桌那里	

续表7-13

镜号	景别	画面描述	音效/字幕
10	特写	小男孩胳膊推过去擦那条桌上的线，女同桌再用她的胳膊，把好丽友·派推回去	
11	中景	小男孩把好丽友·派再推去女同桌那里	
12	近景	女同桌低头向下望	好丽友广告背景音乐开始……
13	特写	女同桌用胳膊把好丽友·派推过去，小男孩把派推回，然后指着那条被擦掉的"三八线"	
14	中景	小男孩举起手看袖子，两个人同时看向自己衣服上的粉笔印，然后笑了	
15	近景	小男孩笑着看女同桌吃好丽友·派	背景音乐和同桌两个人之间的欢声笑语
16	近景	桌子上放着许多好丽友·派	

（3）《好丽友"三八线"篇》广告故事板（图7-38）

图7-38 《好丽友"三八线"篇》广告故事板

（4）《好丽友"三八线"篇》广告截图（图7-39）

图7-39 《好丽友"三八线"篇》广告截图

（5）《好丽友"三八线"篇》广告解析：本广告主要运用广告中一如既往的"朋友"情怀，在让人们感慨好丽友·派美味之余，也对往昔时光产生了回忆。

十四、《华为mate10》广告

1. 广告名称：《华为mate10》

2. 广告分析

（1）《华为mate10》广告创意脚本

广告性质：商业广告。

广告特点：运用微电影的形式表现，通过拍摄女儿用水冲刷手机屏幕里爸爸脏脏的脸，来表现华为手机强大的防水功能。

广告内容表现：主要通过手机传达对亲人的问候和寄托家人之间的思念，表现手机连接亲情的作用。

故事脚本：本广告主要运用微电影的形式表现主题，通过拍摄女儿用水冲刷手机屏幕里爸爸脏脏的脸，来表现华为手机防水的强大功能。主要通过手机传达对亲人的问候和寄托家人之间的思念。通过镜头语言很好地表现了广告的核心理念。

广告风格：温情感人，轻松随心。

广告语：HUAWEI Mate10 Pro ai在防水。

（2）《华为mate10》广告分镜头脚本（表7-14）

表7-14 《华为mate10》广告分镜头脚本

镜号	景别	画面描述	音效/字幕
1	特写	一名消防员正在使用对讲机工作	嘈杂的救援现场声、鸣笛声
2	近景	另一名消防员正在使用对讲机指挥工作	嘈杂的救援现场声、鸣笛声
3	近景	一名结束救援工作的消防员缓缓走来，拿着手机与妻子和女儿视频通话	轻柔的背景音乐 字幕："老婆，一切都安全。"
4	中景	客厅里，妈妈环抱着女儿坐在沙发上与消防员爸爸视频通话，女儿呼唤爸爸	轻柔的背景音乐 字幕："爸爸!"
5	中景	妈妈环抱着女儿，举着手机，电话那头传来爸爸的声音	轻柔的背景音乐 字幕："有没有想我呀？"
6	中景	女儿开心地笑着，点头回答	轻柔的背景音乐 字幕："想你啦。"
7	特写	手机屏幕里消防员爸爸满足开心地笑着，脸有些脏脏的	轻柔的背景音乐
8	特写	女儿抱着手机微笑（侧面），爸爸的声音从电话那头传来	轻柔的背景音乐 字幕："那有没有听话？"
9	特写	女儿笑着看着手机（正面）	轻柔的背景音乐
10	远景	女儿拿着手机从妈妈怀里起身，小跑到厨房	轻柔的背景音乐 女儿的脚步声
11	远景	女儿跑到厨房，把手机放到餐桌旁的小凳上	轻柔的背景音乐
12	远景	女儿双手推着板凳到洗碗池面前	轻柔的背景音乐 板凳与地面摩擦的声音

续表7-14

镜号	景别	画面描述	音效/字幕
13	近景	女儿站上板凳，一手拿着手机，一手打开水龙头	轻柔的背景音乐 水龙头水流声
14	特写	手机屏幕里消防员爸爸的脸被水龙头淋湿	轻柔的背景音乐 水龙头水流声
15	特写	女儿用手抚摸被水浸湿的手机屏幕里爸爸脏脏的脸，对爸爸说话	激昂的背景音乐 水龙头水流声 字幕："爸爸你的脸脏了，我给你擦擦脸。"
16	特写	女儿继续用手抚摸被水浸湿的手机屏幕里爸爸脏脏的脸，爸爸开心地笑着	轻柔的背景音乐 字幕：HUAWEI Mate10 Pro ai在防水
17	全景	黑屏、广告语	轻柔的背景音乐 字幕：HUAWEI Mate10 Pro ai在防水
18	全景	黑色背景、HUAWEI logo	无

（3）《华为 mate10》广告故事板（图7-40）

图7-40 《华为mate10》广告故事板

（4）《华为 mate10》广告截图（图7-41）

图7-41 《华为mate10》广告截图

（5）《华为mate10》广告解析：本广告主要运用微电影的形式表现主题，通过拍摄女儿蠢萌的"洗手机"动作以及水下屏幕另一端父亲的笑颜，一下子将观众的心暖了，抓住消费痛点，同时也让手机的防水功能得到最大程度的视觉强化，符合广告厂家对手机功能推广的诉求。

十五、《你的废物，他的宝物》广告

1. 广告名称：《你的废物，他的宝物》

2. 广告分析

（1）《你的废物，他的宝物》广告创意脚本

广告性质：商业广告。

广告特点：运用自述的形式表现卖家和买家来自app不同的受益。

广告内容表现：没有采用普通二手网的广告形式而是使用了卖家卖出去是以衣服的形式卖出去而买家却是买来当按摩板使用，而且前者是正值青少年，后者年事已高，更好地体现出二手物品卖出去和买进来不一样的用途和老少皆宜的价值体现。

广告风格：直截了当，点明主题，创意实用。

故事脚本：卖家苦恼于在手事物已无用途，决定用mercari app卖出，买家身为老年人也能轻松地在mercari app上浏览并买到自己想用的东西。

广告语：什么都能卖（找到好东西）的免费app mercari

（2）《你的废物，他的宝物》广告分镜头脚本（表7-15）

表7-15 《你的废物，他的宝物》广告分镜头脚本

镜号	景别	画面描述	音效/字幕
1	特写	一只手在抚弄发胶干后竖起来的头发	app宣传音
2	中景	一个朋克少年双手半拿半放着铆钉朋克皮衣一脸苦恼地盘坐在日式小房间里	字幕（日语和中文）：当初被电到就买了
3	特写	铆钉朋克皮衣随着说话不自觉地与手一块上下摆动	字幕（日语和中文）：可是现在
4	中景	少年拿着皮衣一脸苦恼地歪头看着皮衣的正面又摆正脸边说边向前一探	字幕（日语和中文）：没什么感觉了
5	近景	少年拿着衣服继续皱着眉头苦恼地又看了一眼朋克衣服	字幕（日语和中文）：所以……想用mercari卖卖看
6	中景	衣服挂在窗帘的架子上，少年拿着手机在下方弓着身子找角度拍衣服的照片	字幕（日语和中文）：不来电啊……
7	中景	继续拍照找角度的动作，画面左边逐渐出现app logo	ａｐｐ宣传音和旁白（日语和中文）：什么都能卖的免费app mercari
8	远景	晴朗的天空，院子里一个老奶奶蹲坐在日式老房子的坐台上，手放在大腿上，手里拿着手机在划弄	字幕（日语和中文）：哇！
9	中景	老奶奶继续坐在台子上，手里拿着铆钉朋克皮衣摆弄着，眼睛看向镜头一脸欣喜的笑容	字幕（日语和中文）：mercari很简单连我都会用呢
10	近景	老奶奶一边说话一边点头手里攥着皮衣	字幕（日语和中文）：一下就找到了
11	特写	房子里的地板上，老奶奶赤脚反复踩在摊开背面朝上的皮衣上面，边踩边换方向	字幕（日语和中文）：而且好舒服啊

续表7-15

镜号	景别	画面描述	音效/字幕
12	中景	房里正中心老奶奶弓着身手撑着膝盖一脸舒爽地闭眼享受	语气： 哦
13	近景	老奶奶一边笑一边点头称道，手里拿着皮衣坐在台子上	字幕（日语和中文）： 刚好按到穴道
14	中景	老奶奶坐在室内的边上手里端着茶一脸笑容，室中心摆着皮衣。三个老奶奶手拉手在上面嬉笑着赤脚踩来踩去，周围的邻居都在旁边和院里或坐或站地好奇围观讨论，结尾中心逐渐出现app的logo	字幕（日语和中文）： 能找到好东西的免费app mercari

（3）《你的废物，他的宝物》广告故事板（图7-42）

图7-42 《你的废物，他的宝物》广告故事板

(4)《你的废物，他的宝物》广告截图（图7-43）

图7-43 《你的废物，他的宝物》广告截图

(5)《你的废物，他的宝物》广告解析：本广告主要运用MV的形式表现主题，通过拍摄买家和卖家在想买和想卖上使用mercari app时不同的诉说，表达不同的年龄段和不同的思想，展示出不同于千篇一律的二手市场淘宝想法，不一样的感受体验，而且老少皆宜，是一款具有多样性，性价比很高的二手市场app，更反复强调了此款app免费来吸引更多的用户群体，通过镜头语言很好地表现了广告的核心理念。

十六、《Stryhn's》美食广告

1. 广告名称：《Stryhn's》

2. 广告分析

（1）《Stryhn's》广告创意脚本

广告性质：商业广告。

广告特点：运用夸张的形式表现，利用几名男子看到蔬菜惊恐的面部表情来反转后面对美食的欣喜。

广告内容表现：用不同的人看到食品的反应表达食品的美味。

广告风格：夸张扭曲，幽默搞笑。

故事脚本：几名不同人种、不同年龄的男人看到美味的蔬菜下藏着的鹅肝酱开心夸张到惊恐的表情，美食就是这样，不同的人有不同的反应但无法抵挡的是它的美味。

（2）《Stryhn's》广告分镜头脚本（表7-16）

表7-16 《Stryhn's》广告分镜头脚本

镜号	景别	画面描述	音效/字幕
1	中景	中年大胡子的男主角慢慢地打开面前的饭盒	轻柔缓慢的音乐
2	近景	饭盒被打开，男主角拿出饭盒第一层的纸条，纸条上印着"Sweetheart"	甜蜜轻柔的音乐
3	中景	每个人都在悠闲地做着自己的事情，男主角望着纸条露出了甜蜜满足的笑容	轻柔的背景音乐
4	中景	男主角满怀期待地打开饭盒第二层	轻柔的背景音乐
5	特写	饭盒里面是满满当当绿色的蔬菜	由轻柔朝紧急快节奏过渡
6	特写	男主角露出极度惊恐的表情	紧急快节奏音乐
7	中景	男主角对面的一个光头黑人青年和白人中年男子看到男主角饭盒里面的蔬菜露出惊恐的表情	紧急快节奏音乐
8	特写	画面转到男主角饭盒里面的食物，绿色健康的蔬菜下面若隐若现的鹅肝酱	紧急快节奏音乐
9	特写	男主角惊慌失措地看着周围的人张大嘴巴	紧急快节奏音乐
10	特写	黑人青年男子因为惊恐张大了嘴巴和鼻孔扭头看向旁边的人	紧急快节奏音乐
11	中景	黑人青年男子和白人中年男子因为惊恐而看向对方	紧急快节奏音乐
12	中景	从房间里面赶出来的另外一名瘦瘦的白人中年男子看到外间桌子上男主角饭盒里面的食物也张大嘴巴露出了同款惊恐的表情	紧急快节奏音乐
13	远景	另外一名白人青年男子也随之出来看到食物后惊慌，五个男人同时你看着我、我看着你惊慌尖叫	急促刺耳的铃声
14	特写	一块色泽鲜艳看着就很美味的鹅肝酱落到桌子上	字幕：别紧张（easy）轻柔的背景音乐
15	远景	五个男人同时稍微松了口气放松了身体	字幕：Stryhn's鹅肝酱 轻柔的背景音乐
16	特写	男主角拿起饭盒里的鹅肝酱，闭眼满脸享受地吃着美味的食物	轻柔的背景音乐
17	近景	鹅肝酱食物都落到桌子上	字幕：专为男人设计的食品 轻柔的背景音乐

（3）《Stryhn's》广告故事板（图7-44）

图7-44 《Stryhn's》广告故事板

（4）《Stryhn's》广告截图（图7-45）

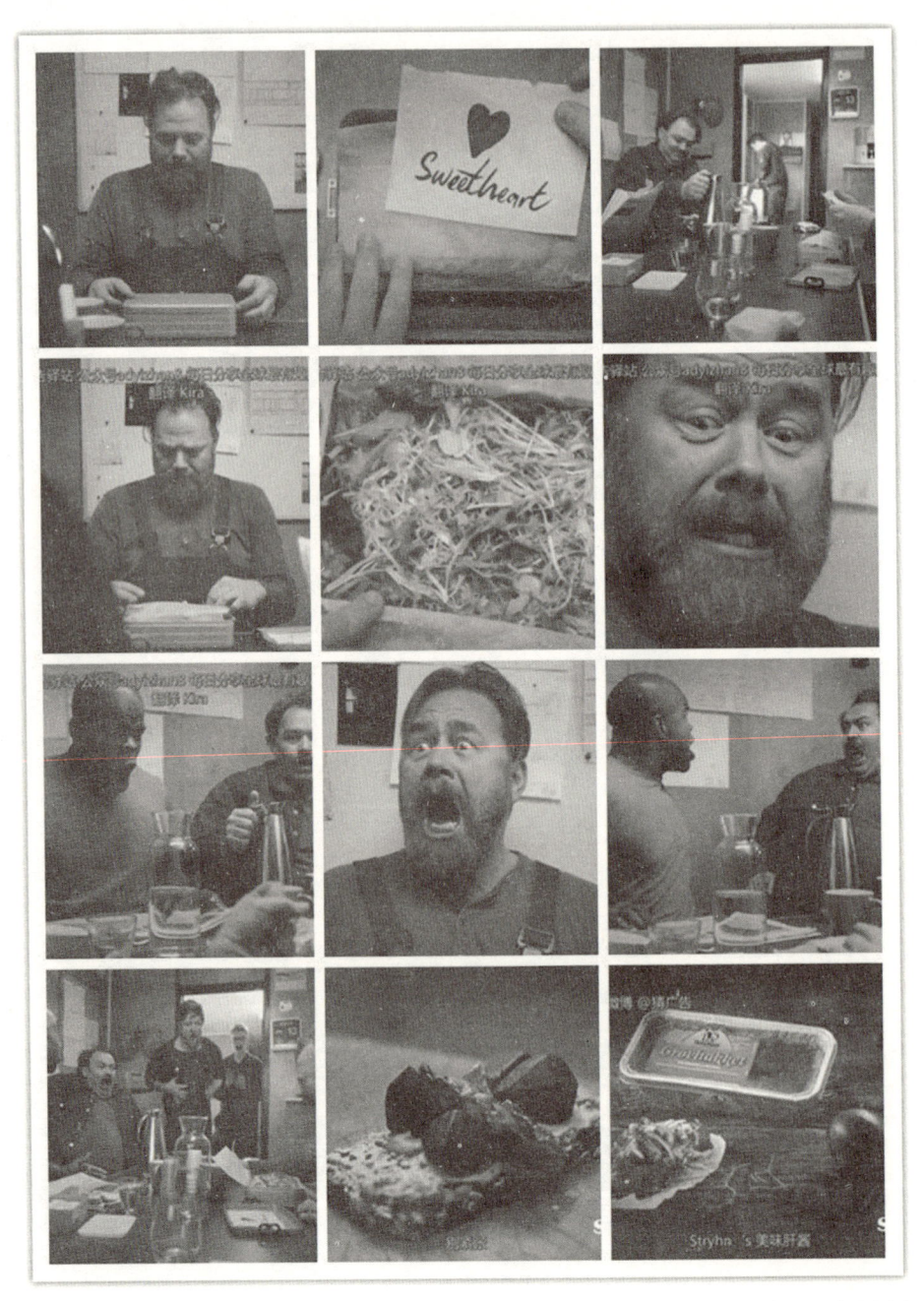

图7-45 《Stryhn's》广告截图

（5）《Stryhn's》广告解析：本广告主要运用夸张的形式表现主题，通过拍摄男人们夸张的面部表情，展示食物的美味，不一样的感受。整体广告风格：无拘无束，夸张搞笑。通过镜头语言很好地表现了广告的核心理念。

十七、《EMINENT》广告

1. 广告名称：《EMINENT》

2. 广告分析

（1）《EMINENT》广告创意脚本

广告性质：商业广告。

广告特点：运用猫咪的可爱和空调所代表的智能的结合给人带来新奇感，以加深人们对该款空调的印象。

广告内容表现：运用猫咪舔毛清洁自己的习惯来表现该款空调可以自我清洁的特点。

广告风格：可爱，活泼。

故事脚本：每只猫咪都会通过给自己舔毛来清洁自己全身的皮毛，我们的空调也像猫咪一样每天自己清洁全身，保证自己的干净健康！

广告语：Daily Clean, Daily Fresh.
　　　　每日清洁，每日新鲜。

（2）《EMINENT》广告分镜头脚本（表7-17）

表7-17 《EMINENT》广告分镜头脚本

镜号	景别	画面描述	音效/字幕
1	特写	一只灰色的猫咪在舔镜头	背景音乐
2	近景	一只橘猫躺在红色的沙发上舔爪子	背景音乐
3	近景	一只棕黑的猫咪一边晒着太阳一边舔着后腿	背景音乐
4	近景	一只白灰的猫咪靠在栅栏旁边舔着自己的后爪	背景音乐
5	近景	一只白黑相间的猫咪躺在地毯上舔着自己的前爪，并用前爪清洗自己的耳朵	背景音乐
6	近景	一只棕黑相间的猫咪躺在户外的台阶上，靠着一只运动鞋，舔着自己的前爪	背景音乐
7	近景	一只灰白相间的猫咪趴在猫爬架旁边舔着自己的前爪	背景音乐
8	近景	一只黑背白腹的猫咪团在自己的窝里舔着自己的背	背景音乐
9	近景	一只灰色的猫咪躺在一个纸盒子里舔着自己的前爪	背景音乐
10	近景	一只三花猫咪蹲在广场上舔着自己的前爪	背景音乐
11	近景	一只灰棕相间的猫咪坐在雪地里舔着自己的尾巴	背景音乐

续表7-17

镜号	景别	画面描述	音效/字幕
12	近景	一只橘猫和一只黑猫蹲在室外舔着自己的前爪	背景音乐
13	近景	一只灰棕相间的猫咪坐在雪地里舔着自己的尾巴根	背景音乐
14	特写	一只灰白相间的猫咪趴舔着自己的鼻子	背景音乐
15	近景	一只橘猫躺在红色的沙发上舔自己的后背	背景音乐
16	特写	该款产品的特点	背景音乐
17	特写	该产品的外观和广告语	字幕：自动清洁系统 背景音乐
18	特写	该产品的logo	字幕：每日清洁，每日新鲜 背景音乐

（3）《EMINENT》广告故事板（图7-46）

图7-46　《EMINENT》广告故事板

（4）《EMINENT》广告截图（图7-47）

图7-47　《EMINENT》广告截图

（5）《EMINENT》广告解析：本广告主要运用猫咪的可爱和空调所代表的智能的结合给人带来的新奇感来加深人们对该款空调的印象。运用猫咪舔毛清洁自己的习惯来表现该款空调可以自我清洁的特点。整个广告充满了可爱和创意。每只猫咪都会通过给自己舔毛来清洁自己的全身的皮毛，我们的空调也像猫咪一样每天自己清洁全身，保证自己的干净健康！

十八、《巧克力威化脆饼干》广告

1. 广告名称：《巧克力威化脆饼干》

2. 广告分析

（1）《巧克力威化脆饼干》广告创意脚本

广告性质：商业广告。

广告特点：运用浪漫的开场，夸张喜剧的反转表现手法。

广告风格：浪漫、小清新的色调，具有校园气息和充满趣味的反转，给观众留下深刻印象。

故事脚本：一个女孩在教室课间没人的时候，拿出了一袋饼干，刚放进嘴里。这时男孩把头凑过来和女孩靠得很近，气氛变得暧昧起来。就在男孩要咬上女孩嘴里的饼干时，剧情突然反转。女孩的眼睛里放出了一道强烈的激光，把男孩射死了，并让男孩飞出了很远。过了一会儿，一个男同学来教室找他，看见女孩正在扫男孩的尸体——已经变成了一块一块的脆片，像女孩嘴里的饼干一样。

广告语：美味，酥脆，喜欢。

（2）《巧克力威化脆饼干》广告分镜头脚本（表7-18）：

表7-18 《巧克力威化脆饼干》广告分镜头脚本

镜号	景别	画面描述	音效/字幕
1	特写	女孩的手正在撕饼干包装袋	撕开包装袋的声音
2	近景	穿着白T恤，相貌清纯的女孩坐在座位上吃饼干，然后开始收拾桌上的书本	收拾书本的声音
3	近景	帅气的男孩突然从旁边凑过来，看着女孩，并与之对视	轻柔浪漫的背景音乐
4	中景	男孩凑上来一只手扶墙把女孩围住，一只手撑在课桌上，女孩害着着脸红地与他四目相对	轻柔浪漫的背景音乐
5	特写	女孩害羞，痴呆的表情，嘴巴里还含着饼干，看着男孩	轻柔浪漫的背景音乐
6	特写	男孩深情地看着女孩嘴巴慢慢靠近	轻柔浪漫的背景音乐
7	特写	女孩紧张不安的手在桌子上抓着书本	轻柔浪漫的背景音乐
8	近景	女孩跟男孩的嘴巴仅隔着一块饼干	轻柔浪漫的背景音乐
9	近景	女孩的眼睛突然变红，看着男孩	
10	中景	突然从女孩眼睛里放出两道强烈的激光，把男孩射飞了出去	激光的声音
11	远景	教室门外，隔着门上的玻璃看见里面透出的强烈红光	男孩被射飞撞墙的声音以及激光的声音，红光灭，这时字幕出现——绝不与人分享
12	特写	饼干的巧克力特别浓厚，快要流下来	轻柔的背景音乐加上介绍旁白——巧克力威化脆饼干
13	特写	饼干被掰断，许多碎片散开	"咔嚓"的掰断声，配上广告语——外皮酥脆
14	近景	一堆饼干脆皮一样的男孩尸体在地上，被吸尘器清扫着	吸尘器吸东西的声音

续表7-18

镜号	景别	画面描述	音效/字幕
15	中景	女孩正在用吸尘器打扫，嘴巴里还含着一块饼干，突然一个男生开门进来（背着书包，戴着耳机，打扮休闲）	开门声
16	近景	男生疑惑的表情，看着女孩，接着又看了下地面	问女孩："看到阿伟了吗？"
17	近景	女孩一手拿着吸尘器，一手拿着饼干往嘴巴里送，看着男生眨了下眼睛，然后一下下开始咬起了饼干	"咔嚓，咔嚓"清脆的咀嚼声
18	特写	饼干的完整包装被激光射了一下，由斜着放变成了水平	激光的照射声，加上旁白，字幕——美味，酥脆，喜欢

（3）《巧克力威化脆饼干》广告故事板（图7-48、图7-49）

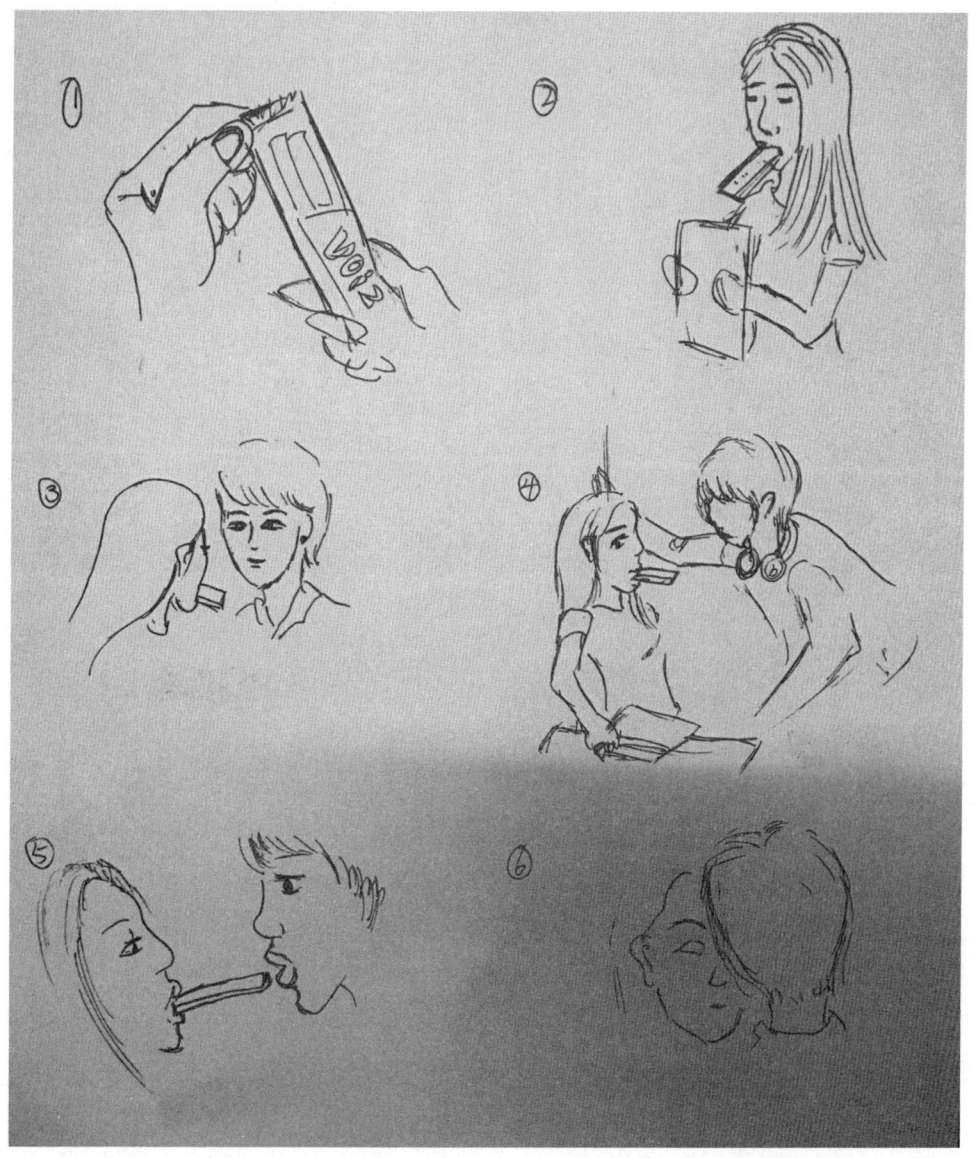

图7-48 《巧克力威化脆饼干》广告故事板1

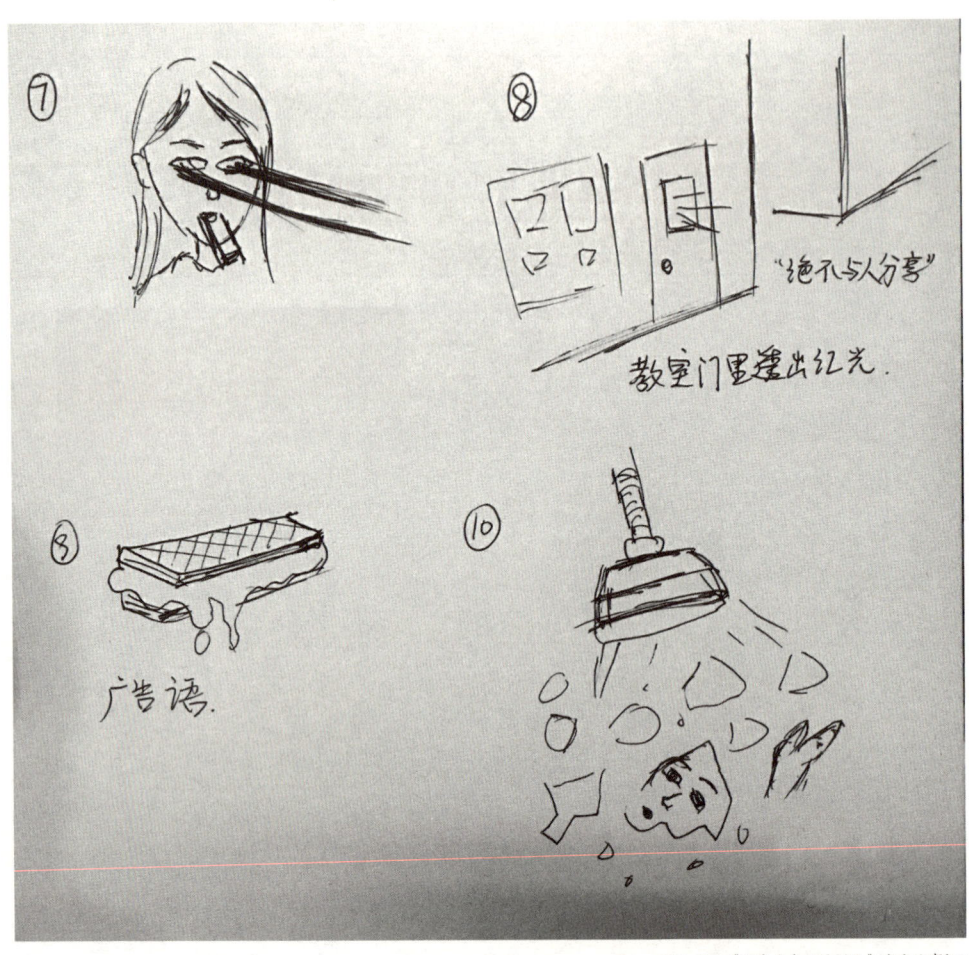

图7-49 《巧克力威化脆饼干》广告故事板2

（4）《巧克力威化脆饼干》广告截图（图7-50）

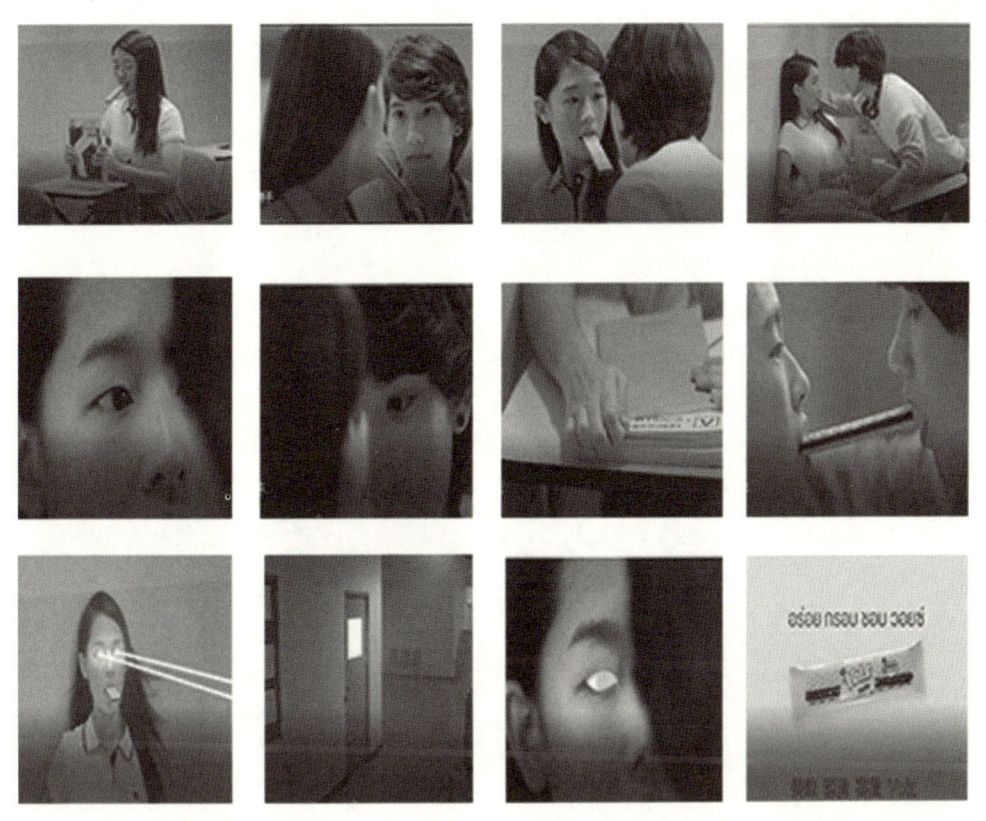

图7-50　《巧克力威化脆饼干》广告截图

（5）《巧克力威化脆饼干》广告解析：本广告主要运用校园偶像剧开场的形式表现主题，通过夸张的反转剧情，让人意想不到，富有趣味性，看完印象深刻。主要突出此饼干的受人喜欢程度——"绝不与人分享"。最后男孩的尸体变成了脆片饼干，十分夸张，却再次突出了此款饼干"脆"的特点。

十九、《RIO》广告

1. 广告名称：《RIO》

2. 广告分析

（1）《RIO》广告创意脚本

广告性质：商业广告。

广告特点：运用MV的表现形式，将果味酒和水果完美地结合在一起，突出RIO鸡尾酒的口味和同种水果的相似度极高。

广告内容表现：用不同的水果代替不同口味的鸡尾酒，只做最原味的果酒。

广告风格：清新自在，简洁明了。

故事脚本：水蜜桃、橘子、葡萄、青柠，这些简单的日常水果，都是我们生活最美的一部分。

广告词：I LOVE RIO MY COLORFUL WORLD

（2）《RIO》广告分镜头脚本（表7-19）

表7-19 《RIO》广告分镜头脚本

镜号	景别	画面描述	音效/字幕
1	近景	一个女生拿着水蜜桃闻	背景音乐 字幕：HONEY PEACH
2	近景	一个女生拿着橙子闻	背景音乐 字幕：ORANGE
3	近景	一个女生拿着青柠闻	背景音乐 字幕：青柠|LIME
4	近景	一个女生拿着葡萄闻	背景音乐 字幕：葡萄|GRAPE
5	近景	一个女生拿着水蜜桃吃	背景音乐 字幕：水蜜桃|HONEY PEACH
6	近景	一个女生拿着橙子吃	背景音乐 字幕：ORANGE|橙子
7	近景	一个女生拿着青柠吃	背景音乐 字幕：青柠| LIME
8	近景	一个女生拿着葡萄吃	背景音乐 字幕：葡萄|GRAPE
9	特写	右边一瓶RIO，左边水蜜桃、橙子、青柠、葡萄四个水果依次瞬间替换	背景音乐
10	特写	右边一瓶RIO，左边四种水果与对应口味RIO随机瞬间替换	背景音乐
11	特写	右边一瓶RIO，左边三或四瓶不同口味RIO随机瞬间替换	背景音乐
12	特写	右边一瓶RIO，左边四瓶不同口味RIO和四种水果随机替换多次	背景音乐

续表7-19

镜号	景别	画面描述	音效/字幕
13	特写	多瓶不同口味RIO随机替换位置、数量	背景音乐
14	特写	一排依次摆开四瓶不同口味RIO，然后将对应口味水果与其随机替换多次	背景音乐
15	特写	一排依次摆开四瓶不同口味RIO，随机替换位置	背景音乐
16	特写	一瓶RIO，随机替换多次	背景音乐
17	特写	一排依次摆开四瓶不同口味RIO，随机替换位置	背景音乐
18	近景	广告词	背景音乐 字幕：I LOVE RIO MY COLORFUL WORLD

（3）《RIO》广告故事板（图7-51）

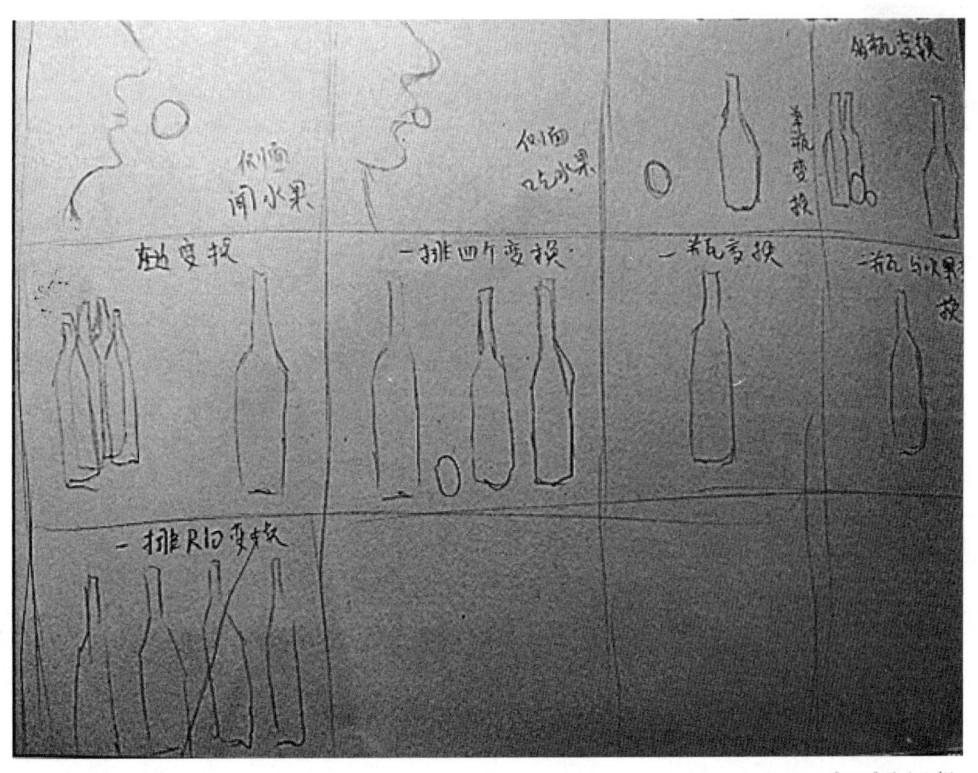

图7-51　《RIO》广告故事板

（4）《RIO》广告截图（图7-52）

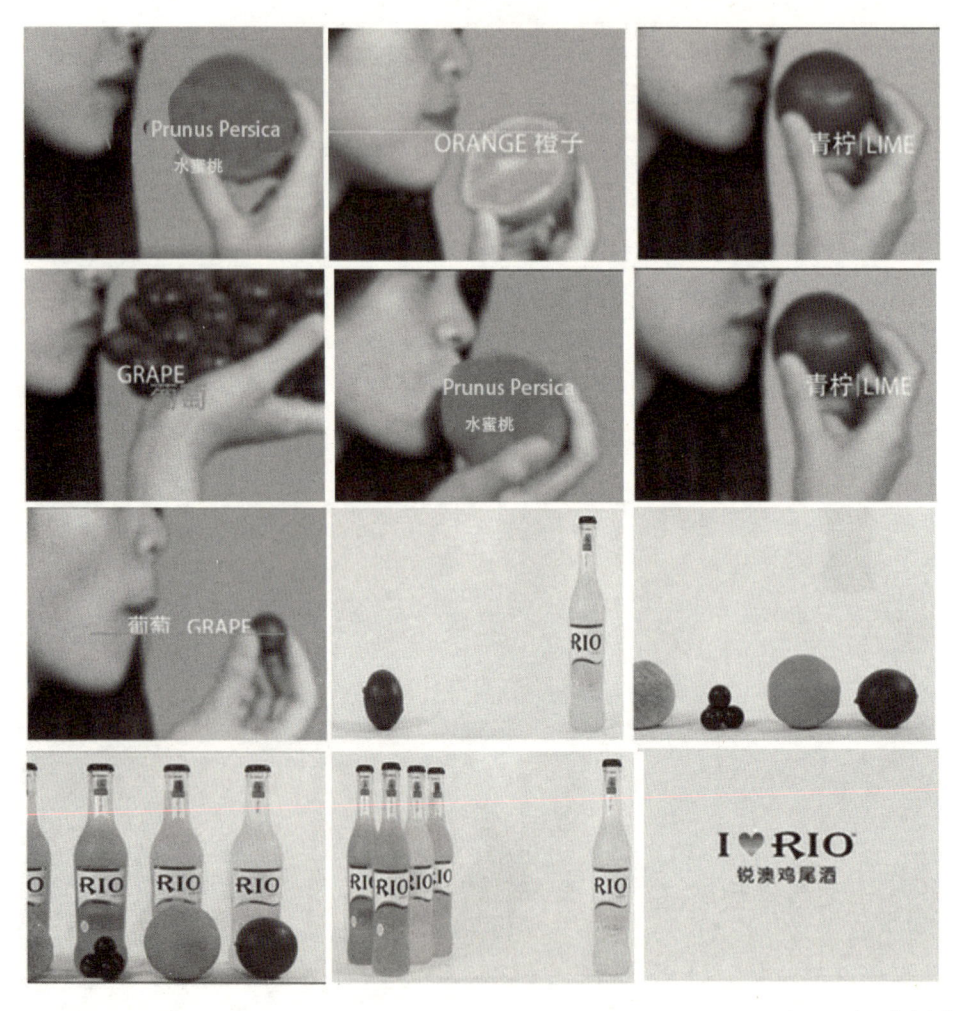

图7-52　《RIO》广告截图

（5）《RIO》广告解析：广告整体采用了以清新为主的风格，简洁明了且富有创意。整个广告在水果和产品上不停发生转变，生动有趣，吸引观众眼球。

第二节　公益广告创意解析

一、《保护动物》公益广告解析

1. 广告名称：《保护动物》

2. 广告分析

（1）《保护动物》公益广告创意脚本

广告性质：公益广告。

广告特点：运用传统手影表现手法。

广告内容表现：运用光影表现森林里的故事情节。

广告风格：拟人。

故事脚本：春暖花开，万物复苏，动物又到了一年中交配的季节。草原霸主——狼群已经开始了躁动。而作为他们食物链下端的灰兔们，也被空气中的躁动所吸引，成双成对地在辽阔的大草原上奔跑。波光粼粼的马拉河边，几只水鸟在大石上栖息玩耍，一切都是那么的平和而安详。这时突然传来一声枪响，水鸟化为手，手指扇动着落下；兔化为手，手指抖动着落下；狼化为手，手做炸开状落下。辽阔的大草原上，一片萧瑟寂寥。

广告语：它们伴随着你的童年，请不要让它们，消失于孩子们的童年。

（2）《保护动物》广告分镜头脚本（表7-20）

表7-20　《保护动物》广告分镜头脚本

镜号	景别	画面描述	音效/字幕
1	全景	一片辽阔的草原上，几棵树（手臂＋手掌）静静地伫立着，树叶（手指）在微风中轻缓地摇曳（地面从画面两侧入镜，树从画面底部入镜），之后按顺序原样撤回	底乐：古朴，欢快，明丽，抒情 旁白：春暖花开，万物复苏，又到了一年中交配的季节
2	中景	两只狼相互打闹（一左一右入镜），一只狼对天嚎叫（从画面底部入镜，左右狼退），之后化为人手，摇一下后，快速出镜	底乐：古朴，欢快，明丽，抒情 旁白：草原霸主——狼群，已经开始了躁动 音效：一声威严的狼嚎
3	近景	一只兔子突然抬头，似感应到空气中的躁动（画面左侧入镜），另一只兔子蹦出来（右侧入镜），两只兔子相互碰触了一下，化为手快速撤离	底乐：古朴，欢快，明丽，抒情 旁白：而作为它们食物链下端族群的灰兔们，也被空气中的躁动所吸引

续表7-20

镜号	景别	画面描述	音效/字幕
4	全景	两只兔子在大草原上一前一后跳跃奔跑（从镜头左侧往右侧跑）	背景音乐：古朴，欢快，明丽，抒情 旁白：成双成对地在辽阔的大草原上奔跑
5	近景	石头上（胳膊当石面，画面底部入镜），一只水鸟飞来收了翅膀（从画面左侧入镜），一只水鸟拍打着翅膀（右侧入镜），之后化为人手（石面原样撤离），摇一下后，快速出镜	背景音乐：古朴，欢快，明丽，抒情 旁白：波光粼粼的马拉河边，几只水鸟在大石上栖息玩耍 音效：潺潺的流水声；几只水鸟的叫声
6	全景	有水波的河边（剪纸），几块大石，一些碎石（剪纸）	背景音乐：古朴，欢快，明丽，抒情 旁白：一切都是那么的平和而安详
7	全景	手指似被吓到一般，猛地张开了一下后，快速地合了起来，并在合起来的过程中从底部撤离	背景音乐：戛然而止 音效：突然一声枪响"砰！！！"
8	近景	水鸟的翅膀猛地张开，化为手，手指扇动着落下	背景音乐：凄凉，悲怆 音效：水鸟一声凄厉的鸣叫
9	近景	兔子的耳朵从垂着猛地直立，化为手，手指抖动着落下	背景音乐：凄凉，悲怆
10	近景	狼猛地抬头，对着天空张大嘴嚎叫了一声，化为手，手做炸开状落下	背景音乐：凄凉，悲怆 音效：一声悲惨的狼嚎
11	全景	一片辽阔的草原上，几棵树（手臂+手掌）静静地伫立着，树叶（手指）合拢，害怕似地轻轻颤动着撤回 一片空旷的原野，画面逐渐模糊，一片漆黑，世界野生动物保护基金会的logo浮现在画面中央	背景音乐：凄凉，悲怆 旁白：它们伴随着你的童年，请不要让它们，消失于孩子们的童年 音效：萧瑟的冷风声

（3）《保护动物》广告故事板（图7-53）

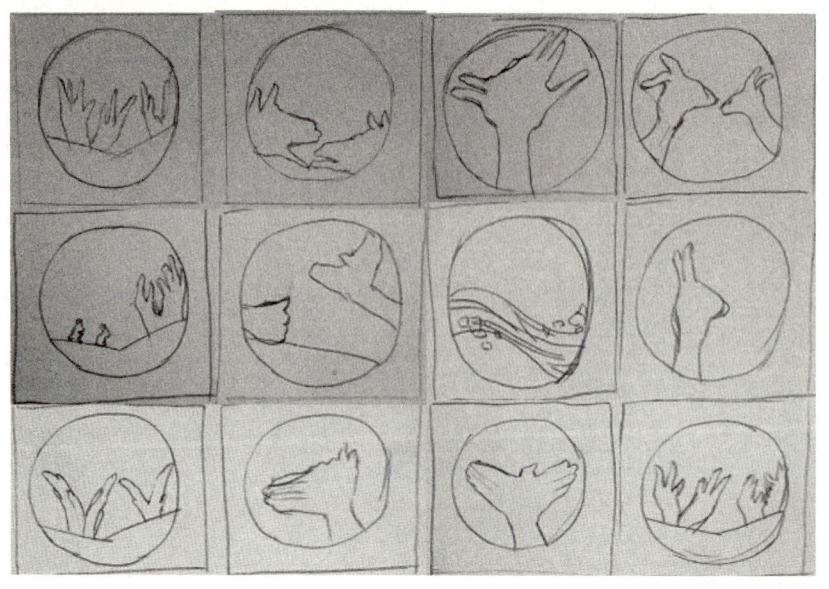

图7-53 《保护动物》广告故事板

（4）《保护动物》广告截图（图7-54）

图7-54 《保护动物》广告截图（部分）

（5）《保护动物》广告解析：广告运用光影表现森林里的故事情节，通过手影表现故事，运用拟人的手法体现原始森林从平静祥和到混乱恐慌的场景，通过图像和声音唤起了人们对动物的关注，以及提倡人们保护动物的广告核心内容。

二、《关爱空巢老人》公益广告解析

1. 广告名称：《关爱空巢老人》

2. 广告分析

（1）《关爱空巢老人》公益广告创意脚本

广告性质：公益广告。

广告特点：老人一个人生活，他忘记做一些事，给生活带来许多不便，手的出现帮他做好了。

广告内容表现：用老人的日常生活，来表现空巢老人需要家人关爱。

广告风格：朴素。

故事脚本：老人在洗手间洗漱，忘记把东西收拾好、关水龙头。在厨房下面条，忘记放调味料。在沙发看书，忘记戴眼镜。出家门忘记关灯，忘记带拐杖。在公寓楼下，忘记回家的路。这时手出现了，帮他把这些都做好了。

广告语：关爱空巢老人，从点滴做起。

（2）《关爱空巢老人》公益广告分镜头脚本（表7-21）

表7-21 《关爱空巢老人》公益广告分镜头脚本

镜号	场景	景别	画面描述	音效/字幕
1	白板	远景	手划过，出现半掩着卫生间的门	音效：推开门声，背景乐
2	卫生间	远景	老人弯着腰在洗面池洗脸，洗完把毛巾放下，就走出了卫生间	音效：流水声，背景乐
3	卫生间	特写	半身镜的置物台上，倒放着牙刷、牙膏还有没有洗的毛巾，洗脸池的水龙头还没有关，水一直流着	音效：流水声，背景乐
4	厨房	全景	油烟机呜呜地响着，老人站在灶台前	音效：水冒泡的声音，背景乐
5	厨房	近景	锅放在煤气灶的左侧灶台上，老人往沸腾的水里下了一把面	音效：水冒泡的声音，背景乐
6	厨房	特写	锅里正在沸腾的水	音效：水冒泡的声音，背景乐
7	厨房	近景	老人突然抬起右手摸摸自己的后脑勺	音效：水冒泡的声音，背景乐
8	厨房	近景	锅放在煤气灶的左侧灶台上，老人把锅右边的盖子盖上，一捆面放在煤气灶右边	音效：水冒泡的声音，背景乐
9	厨房	近景	捞起了面，装在碗里	音效：背景乐
10	厨房	远景	端着碗走了出去	音效：背景乐
11	厨房	特写	一旁的盐、醋、酱油、糖还是没有打开	音效：背景乐
12	客厅	远景	老人坐在沙发上，沙发右边是一面窗户。手上拿着一份报纸，一直在调整坐姿	音效：翻报纸的声音、背景乐
13	客厅	远景	手臂伸地越来越长，报纸上的字很小很模糊	音效：背景乐
14	客厅	远景	最后老人一脸沮丧地将报纸放在沙发上，起身离开沙发	音效：在旧沙发起身的声音、背景乐

续表7-21

镜号	场景	景别	画面描述	音效/字幕
15	客厅	近景	报纸放在沙发上	音效：背景乐
16	玄关	远景	一盏开着的客厅吊灯，门左边放着一盆草和两层的鞋架，鞋架上有一双拖鞋，门口摆着脚垫和一双拖鞋	音效：背景乐
17	客厅	远景	老人坐在玄关处慢慢地换鞋子，拐杖放在靠墙处	音效：背景乐
18	客厅	近景	老人起身走到门外，带上了门	音效：背景乐
19	客厅	特写	留下还没关的客厅中央灯	音效：背景乐
20	马路	远景	老人走在路上，走着走着，背越来越弯。手撑着膝盖，半蹲着，大口喘气	音效：喘气声、背景乐
21	马路	特写	他慢慢挪到公共长椅上	音效：背景乐
22	公寓楼下	全景	公寓楼下	音效：背景乐
23	公寓楼下	特写	老人站在公寓楼下，抬头四处看公寓楼	音效：背景乐
24	白板		渐变成全白的画面	音效：背景乐
25	卫生间	特写	手把水龙头关上	音效：背景乐
26	卫生间	近景	手从左至右拂过，牙刷、牙膏、毛巾都被放好了	音效：背景乐
27	厨房	特写	手把调味料倒了些在面里	音效：煮面的水声、背景乐
28	厨房	特写	碗里的面散发着诱人的香味	音效：背景乐
29	客厅	近景	手把眼镜递给老人，老人戴上了眼镜，坐在沙发上笑着看报纸	音效：背景乐
30	客厅	特写	老人拿着报纸，报纸上的字渐渐清楚	音效：背景乐
31	客厅	特写	亮着的吊灯	音效：背景乐
32	客厅	特写	手把客厅的开关按了下	音效：关灯的声音、背景乐
33	客厅	特写	灯关了	音效：背景乐
34	马路	远景	手把拐杖递给老人，老人撑着拐杖站起来	音效：背景乐
35	公寓楼下	近景	老人跟着手，手带着老人回到家里	音效：背景乐
36	白板	特写	老人的笑脸	音效：背景乐
37	标板		关爱空巢老人，从点滴做起	音效：背景乐

（3）《关爱空巢老人》公益广告故事板（图7-55）

图7-55 《关爱空巢老人》公益广告故事板

(4)《关爱空巢老人》公益广告截图(图7-56至图7-58)

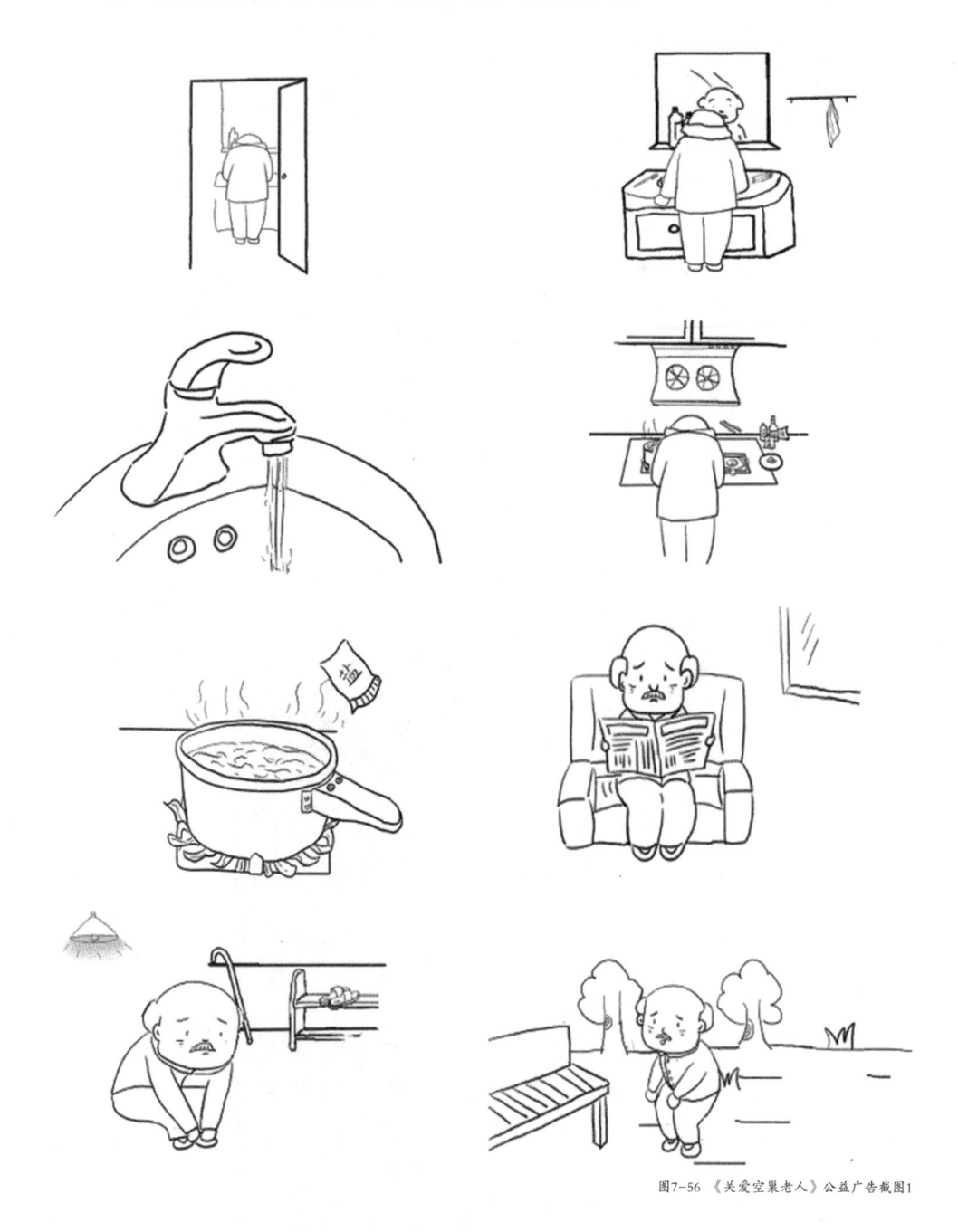

图7-56 《关爱空巢老人》公益广告截图1

图7-57 《关爱空巢老人》公益广告截图2

图7-58 《关爱空巢老人》公益广告截图3

（5）《关爱空巢老人》广告解析：广告通过老人的日常生活点滴，来表现空巢老人需要家人关爱，体现了广告的主题——关爱空巢老人，从点滴做起。

三、《垃圾分类变废为宝》公益广告解析

1. 广告名称：《垃圾分类变废为宝》

2. 广告分析

（1）《垃圾分类变废为宝》公益广告创意脚本

广告性质：公益广告。

广告特点：以两只手变魔术的形式来展现。

广告内容表现：两只手不断将空废塑料水瓶先后变出塑料荧光笔、塑料夹、透明胶带，废纸碗变成小花盆、纸质肥皂盒以及废纸变成白纸、牛皮纸。结尾以pop字体"垃圾分类 变废为宝"来表现垃圾的废物利用这一主题。

广告风格：活泼、有趣。

故事脚本：广告通过两只手先后不断将空废塑料水瓶变出塑料夹、塑料荧光笔、透明胶带，废纸碗变成小花盆、纸质肥皂盒和废纸变成白纸、牛皮纸。结尾以pop字体"垃圾分类 变废为宝"来表现垃圾的废物利用，整体广告风格活泼、动感，体现了倡导"垃圾分类 变废为宝"，共创美好明天的广告主题。

广告语：垃圾分类变废为宝。

（2）《垃圾分类变废为宝》公益广告分镜头脚本（表7-22）

表7-22 《垃圾分类变废为宝》公益广告分镜头脚本

镜号	场景	景别	画面描述	音效/字幕
1	白色桌面	特写	一个矿泉水瓶里的水慢慢被喝完	快节奏音乐
2	白色桌面	特写	一双手背上画着循环标志的手放在画面中间，空矿泉水瓶出现在画面右边，水瓶碰了碰右手	快节奏音乐
3	白色桌面	特写	双手拿起塑料瓶转几下，把塑料瓶揉成一团，双手罩在桌面上，缓缓打开，变成了塑料荧光笔	快节奏音乐
4	白色桌面	特写	慢慢合上三个塑料夹，缓缓打开，变出一个透明胶带	快节奏音乐
5	白色桌面	特写	一个纸碗里的面慢慢被吃完	快节奏音乐
6	白色桌面	特写	一双手背上画着循环标志的手放在画面中间，空碗出现在画面右边，空碗碰了碰右手	快节奏音乐
7	白色桌面	特写	双手拿起空碗转几下，把空碗揉成一团，双手罩在桌面上，缓缓打开，变成了纸质小花盆	快节奏音乐
8	白色桌面	特写	慢慢合上小花盆，缓缓打开，变出一个纸质肥皂盒	快节奏音乐
9	白色桌面	特写	一张纸里被写满了字	快节奏音乐
10	白色桌面	特写	一双手背上画着循环标志的手放在画面中间，废纸出现在画面右边，废纸碰了碰右手	快节奏音乐
11	白色桌面	特写	双手拿起废纸转几下，把废纸揉成一团，双手罩在桌面上，缓缓打开，变成了白纸	快节奏音乐
12	白色桌面	特写	慢慢合上白纸，缓缓打开，变出一张牛皮纸	快节奏音乐
13	白色桌面	特写	慢慢移动一只手，缓缓变出一排字——垃圾分类 变废为宝	快节奏音乐

（3）《垃圾分类变废为宝》公益广告故事板（图7-59）

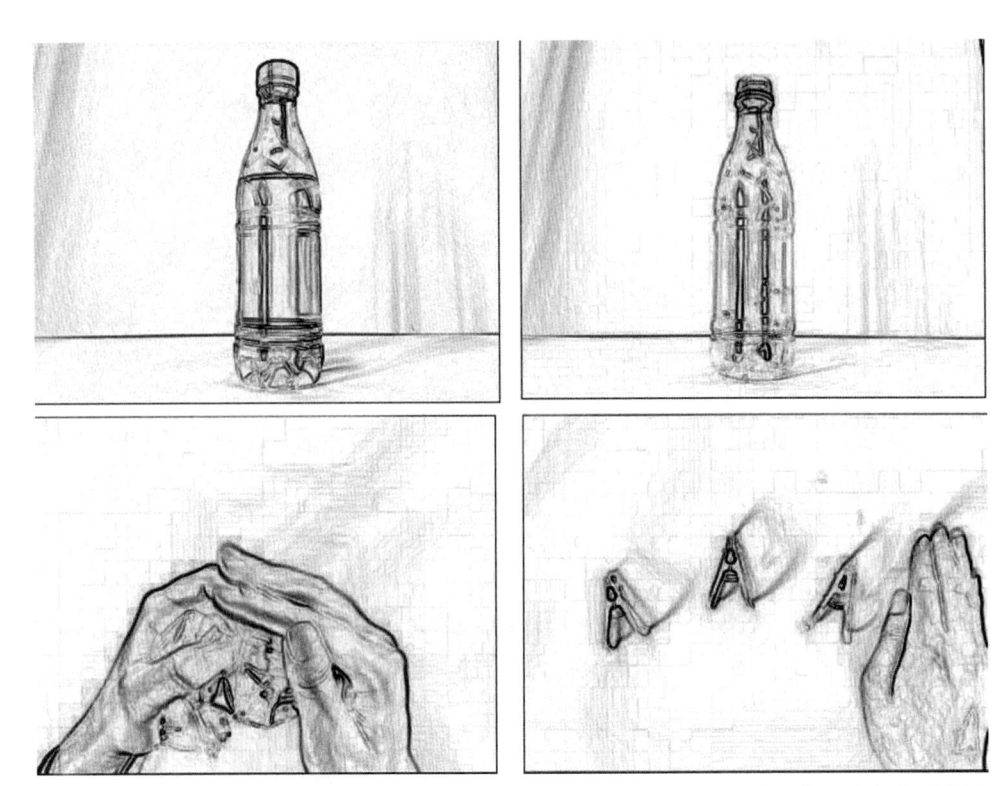

图7-59 《垃圾分类变废为宝》公益广告故事板（部分）

（4）《垃圾分类变废为宝》公益广告截图（图7-60、图7-61）

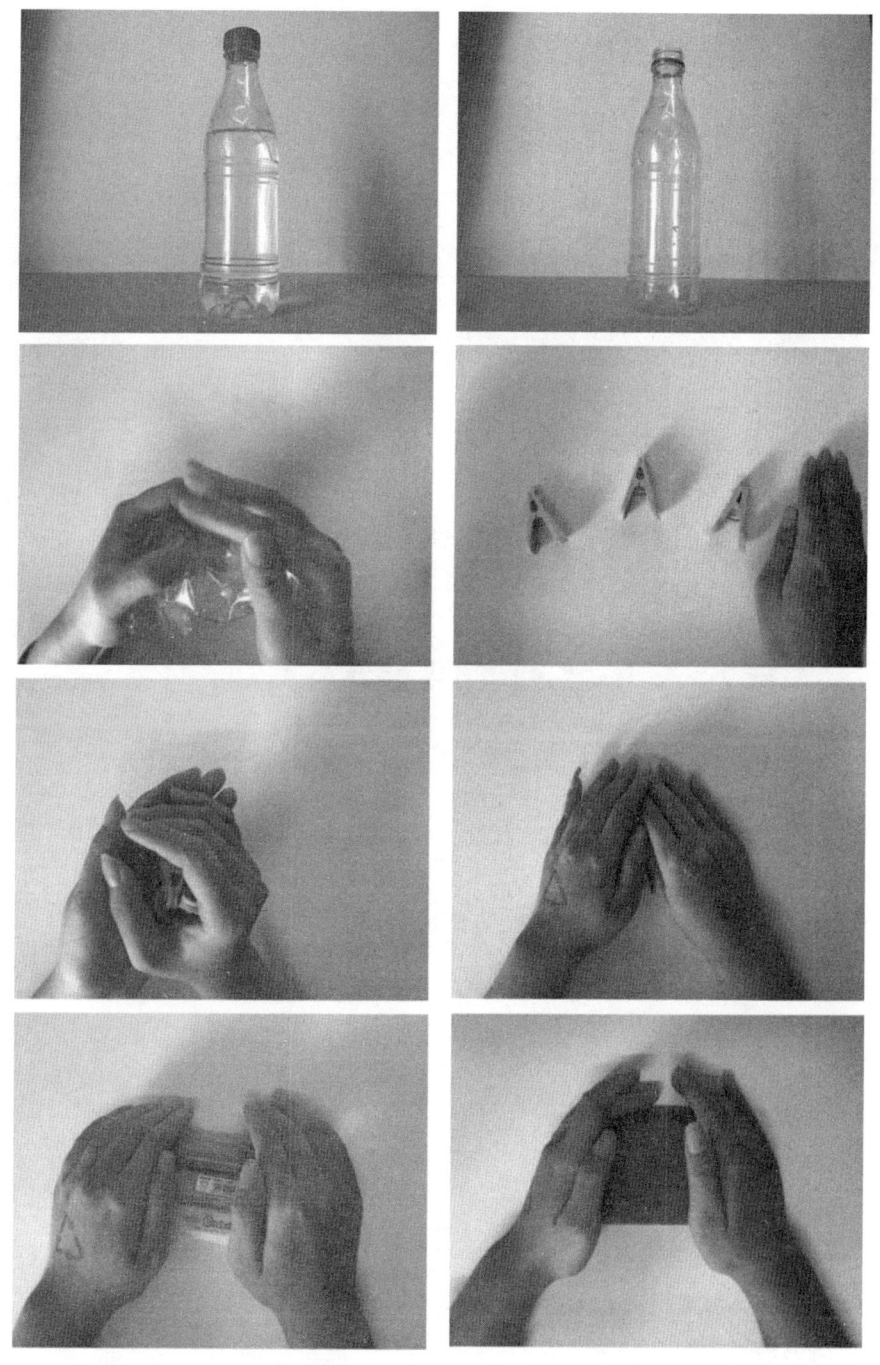

图7-60 《垃圾分类变废为宝》公益广告截图1

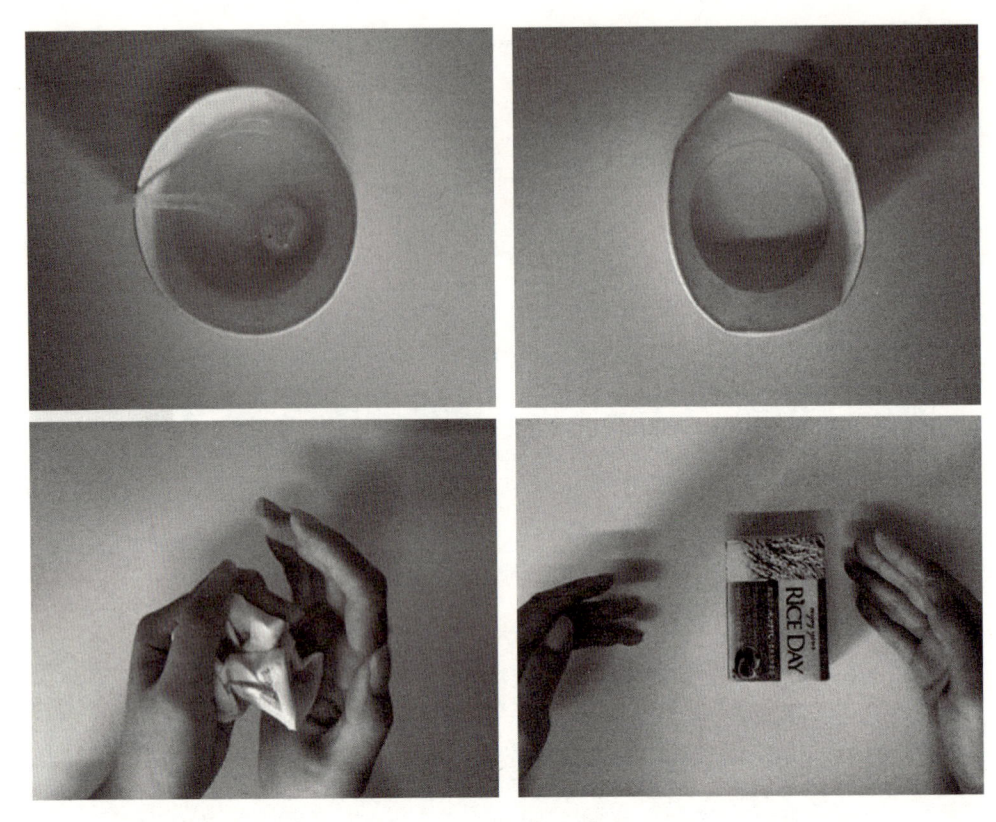

图7-61 《垃圾分类变废为宝》公益广告截图2

（5）《垃圾分类变废为宝》广告解析：如果垃圾不分类，可循环垃圾和不可循环垃圾混杂在一起，那么就会制造更多的垃圾。如果垃圾分类，可循环垃圾入箱，又可以回收再生利用，既能减少环境的污染，又可以创造经济利益，何乐而不为呢。倡导"垃圾分类 变废为宝"，共创美好明天！

四、《猫猫》公益广告解析

1. 广告名称：《猫猫》

2. 广告分析

（1）《猫猫》公益广告创意脚本

广告性质：公益广告。

广告特点：拟人。

广告内容表现：通过猫的视角表现主题。

广告风格：清新、自然。

故事脚本：一只黑色的猫咪被放到了教学楼的最角落的纸箱里，或许它被遗弃了很久了，或许是它的主人新鲜感过了就不要它了，它轻轻地叫着，也许它只是饿了。刚下课的两个学生发现了无助的它——一只不大的黑猫，她们抱起了它，觉得它很可爱，摸摸它，带它回到寝室，喂它吃的，陪它玩耍……一个下午她们就熟络了，她们寝室四个人都决定留下它，信誓旦旦地想着绝对不会丢下它。也许是同情心泛滥亦或是真的喜欢它，虽然不知道她们是不是会一直陪着它，起码它现在有家了……也许大学，最无法面对的就是毕业吧，你要离开你生活四年了的地方，多少是会不舍的，要回到自己家了，但是很多东西带不走，它也被她们四个列入带不走的行列……同学开始清东西，打包要回去了，不知道猫咪是不是也感觉到了分离，终于在一个下午她们下定决心丢下它，理由仅仅是要毕业了……大家把它带到小树林扔下了它。它彷徨，无助，在大街小巷徘徊希望能找到主人，可是它还是失败了，偶尔遇到一两个好心人喂点吃的给它，可是最终还是被遗弃了……

广告语：爱它就请不要抛弃它，你对它来说是整个世界。

（2）《猫猫》公益广告分镜头脚本（表7-23）

表7-23　《猫猫》公益广告分镜头脚本

镜号	景别	画面描述	旁白
1	近景	猫咪从纸盒里醒来，睁开眼睛，慢慢看着周围的景色，它还不知道为什么醒来就在这了，肚子好饿……可是却不知道怎么办	
2	近景	一个学生发现了它，摸了摸它，伸出手将它抱了起来，走到同伴的身边，同伴也伸出手摸了摸它，带着它一起走了	

续表7-23

镜号	景别	画面描述	旁白
3	中景—近景	她们留下了它,和它一起在草坪上玩耍,她走到前面发现猫咪没有跟上,就很开心地逗它,猫咪快步来到主人身边	
4	远景—近景	要毕业了,主人在寝室收拾东西,开着的行李箱,在往里面放衣服,寝室里面很多东西,都是大家带不走的,清理后留下来的。猫似乎感觉到了什么,来到主人行李箱旁边,喵一喵,主人轻轻地推开它的头,似乎觉得它很麻烦	"你回家吗?" "回呀。" "什么时候回?" "明天" "那猫猫怎么办?"
5	远景—近景	猫咪趴在地上,看着寝室里面人来人往,主人们在商量毕业了,猫咪怎么办,最后她们下定决心扔掉它,走向猫咪	"猫猫……" "你能带回去吗?" "我家已经有狗了。" "火车上应该不能带吧。"
6	中景—近景—中景	她们来到学校最偏僻的树林里,放下了猫咪,三个人向外走去,其中那个捡到猫咪的同学还是有些舍不得,想回头,但是被室友拉走了	"那就放在学校里面吧。" "学校里面好吗?" "那干脆扔了吧,会有人捡回去的吧。" "那好吧……"
7	近景—远景	猫咪一个人来到大树下四处张望,走到曾经和主人玩耍的草坪,寻找主人的身影,可是一无所获	
8	近景—远景	来到教学楼旁边看到许多人下课的身影,寻找自己的主人,恍惚间好像看到主人从自己身边走过,结果发现原来是自己看错了	
9	近景—中景	猫咪继续寻找着,走着以前与主人一起去过的地方,不停地寻找	悲伤的音乐
10	近景—远景	路过的两个同学看到了它,拿着火腿肠喂它,喂完了,也离开了,还是不忍心地回头看了看	悲伤的音乐
11	近景	猫咪又回到那个它被遗弃的小树林,希望能够遇到主人,在草丛间穿梭	悲伤的音乐
12	近景	它回忆自己,被主人捡到,和主人在操场玩耍的景象,主人收拾行李推开它的情形,最后主人在这里头也不回地走掉	悲伤的音乐
13	近景—远景	它慢慢抬头,透过树林望向天空,自己的家到底在哪……	悲伤的音乐
14		通过文字叙述的方式,深入人心,黑猫与文字间断出现,更敲击人心	据不完全统计,我国每年被丢弃宠物近5000000只 大城市平均每年丢弃的宠物尸体达近万个 爱它就请不要抛弃它 它也有感情 也会伤心 只是无法用言语表达 它对于你来说只是宠物伴侣 可是你对于它来说是 整个世界

（3）《猫猫》公益广告故事板（图7-62）

图7-62　《猫猫》公益广告故事板（部分）

(4)《猫猫》公益广告截图(图7-63、图7-64)

图7-63 《猫猫》公益广告截图1

图7-64 《猫猫》公益广告截图2

（5）《猫猫》公益广告解析：通过猫的视角表现主题，整个广告风格清新、自然。通过小黑猫从被收养到被抛弃的过程和心理变化，体现了广告语：爱它就请不要抛弃它，你对它来说是整个世界，从而引起人们的共鸣。

五、《拖延症》广告解析

1. 广告名称：《拖延症》

2. 广告分析

（1）《拖延症》公益广告创意脚本

广告性质：公益广告。

广告特点：教育、健康。

广告内容表现：通过视频呼吁人们不要拖延时间、耽误事情。

广告风格：夸张与幽默。

故事脚本：一个人早上醒来，发现手机屏幕上显示，离考试仅剩一天，便匆忙赶去图书馆复习。坐在图书馆里，把复习资料堆在桌上，转而却刷起了微博。百无聊赖却不想看书，突然接到同学消息"14：00汉街见啊"。然后放下手机，关上电脑，开始补妆，最后发现一本书都没有看。磨蹭完后，一看手机已经13：30了，匆匆忙忙整理东西，离开图书馆。在车站对面，发现要坐的车已经开走了，看了一下手机屏幕显示14：00。晚上空无一人的校道上，她又收到了一条消息："你今天复习了吗？"

广告语：别让拖延症打乱了你的节奏。

（2）《拖延症》广告分镜头脚本（表7-24）

表7-24 《拖延症》广告分镜头脚本

镜号	景别	画面描述	音效/字幕
1	特写	一部手机躺在枕边，一只手滑开屏幕，上面显示着"12月28日8:05，离期末考试仅剩一天。"	手机开屏音效
2	远景	一个女生快速地走向图书馆	
3	中景（长镜头）	画面由墙上的挂钟转向一张堆满书籍的书桌前，女生低头慢慢翻看着书	
4	近景	女生捧起书，继续翻看，速度越来越快，突然猛地合上书	书籍快速翻动的声音
5	特写	手机屏幕亮起，显示9:23，收到一条QQ消息："今天有空么，去吃火锅吧！"	手机音效
6	特写	女生回复消息："不行啊，我今天得复习，明天就期末考了，下次再找你咯。"	
7	近景	女生放下手机，挑了另一本书继续翻看	
8	中景（镜头快入）	女生不断地挑书不断翻看	
9	特写	女生慢慢地把书合上放在一边，看了一眼手表——10:07	
10	近景	女生漫无目的地在纸上写写画画，越画越快，最终扔下笔，趴在桌上	

续表7-24

镜号	景别	画面描述	音效/字幕
11	特写	手机屏幕亮起，显示时间10:35，收到一条微信："干啥呢在？" 女生回复消息："复习呢，你都弄完了？" 收到消息："没啊，我书都没翻过，哎呀，这么简单平时听了课的都能过，下午逛街去吧，14:00汉街见啊，不谈了哈，我先去补个妆。" 女生回复消息："好吧，不见不散。"	手机音效
12	近景	女生慢条斯理地吃着饭，时不时停下来刷一下微博	微博刷新的音效
13	特写	手机主界面，虚拟时钟——13:35	
14	近景	女生匆忙地跑在校道上，到达校门口时，要坐的公交车驶离车站30米之外了，她无助地伸出手向公交车的方向抓去，又收回手抓乱了自己的头发	
15	空镜头	商业街	
16	特效镜头	纯色背景下，咖啡，购物袋，电影的扁平图标转过时间依次是15:47；18:29；21:14	
17	空镜头	天桥上俯瞰马路，由清晰慢慢模糊	
18	远景	女生独自一人走在校道上	
19	特写	收到一条短信："你今天复习了吗？"（时间——22:48）	手机音效

（3）《拖延症》广告故事板（图7-65）。

图7-65 《拖延症》广告故事板

(4)《拖延症》广告(图7-66至图7-68)

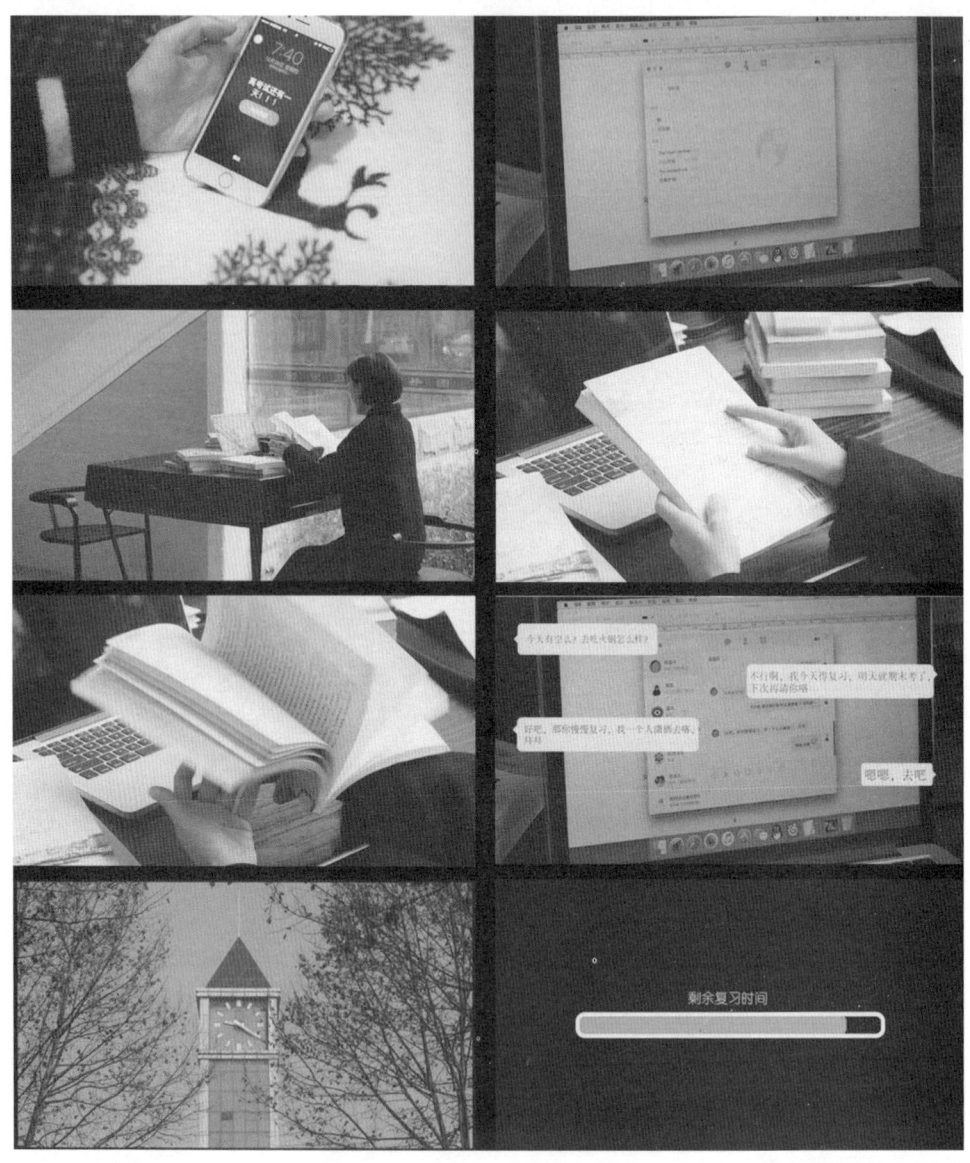

图7-66 《拖延症》广告截图1

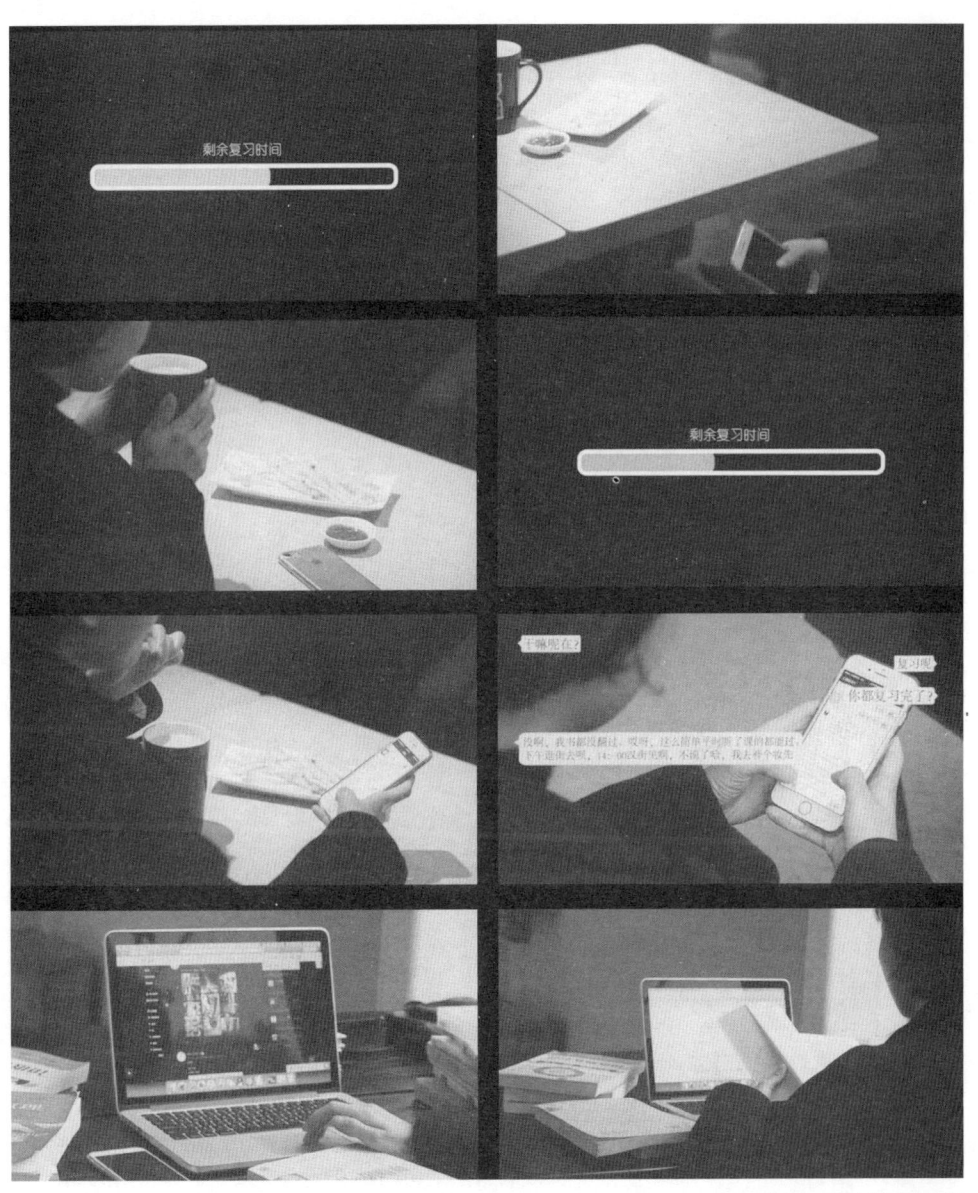

图7-67 《拖延症》广告截图2

图7-68 《拖延症》广告截图3

（5）《拖延症》广告解析：广告运用夸张、幽默的手法，通过对主角一天的行程介绍，体现广告语——别让拖延症打乱了你的节奏。呼吁人们不要拖延时间、耽误事情。

六、《抑郁症》广告解析

1. 广告名称：《抑郁症》

2. 广告分析

(1)《抑郁症》公益广告创意脚本

广告性质：公益广告。

广告特点：提醒人们关注抑郁症患者。

广告内容表现：以患者自诉自己内心活动的第一视角贯穿整个视频。

广告风格：真实情感。

故事脚本：主人公自述最近心情和生活发生的变化——开始情绪低落、厌食，不愿交际，他不知道自己的身体怎么了，也不愿让他人以为他是得了抑郁症。于是他一个人走路，一个人在角落，时常忧郁、焦虑、哭泣、耳鸣。最后悲观厌世出现幻觉，准备吞药自杀，家人制止了他。

广告语：如果这些也发生在你或你身边人的身上，请正视并及时接受心理治疗。

(2)《抑郁症》广告分镜头脚本（表7-25）

表7-25 《抑郁症》广告分镜头脚本

镜号	场景	景别	画面描述	音效/字幕
1	卧室	特写	画面由模糊的天花板渐渐清晰，定格天花板几秒用手捂脸然后把被子盖住头	我感觉我的生活发生了一些变化
2	卧室	特写	翻阅手机和朋友的聊天记录，手机显示相关的网络和事件安排	起初我只是被一些琐碎的杂事所困扰，但我选择忽略它
3	洗手间	特写	双手搭在洗手池上，打开水龙头停几秒然后用手接水停几秒	但它却又挥之不去，这使我感到沮丧、烦恼、失落
4	餐桌	近景	在餐桌手拿面包停住几秒，然后慢慢撕碎面包放在盘子里	我变得没有胃口
5	电梯	特写	等待电梯开，拍摄电梯开，等到进去后，拍摄电梯关门，然后特写楼层按键	我的时间开始变慢，许多事情让我感到煎熬
6	教室	特写	打了一点字然后删除，然后再打一点删除。手退到键盘后捏紧抠手	甚至连完成一些简单的事情都感到痛苦不堪
7	路上	特写	看向别人窃窃私语	背景音乐
8	路上	近景	走在路上回忆别人吵架，看到别人有说有笑，开始杂音和耳鸣	杂音和耳鸣，吵闹声
9	室内	特写	摔东西，捶墙，镜头前开始混乱出现幻觉	背景音乐
10	室内	特写	桌上的安眠药	背景音乐
11	室内	特写	把药倒在手上	我想结束这一切（开门声和脚步声）
12	室内	特写	一只手出现抓住拿药的手	
13	黑幕	特写	如果你或你身边的人出现了类似症状，请正视并及时接受心理治疗	

（3）《抑郁症》广告故事板（图7-69）

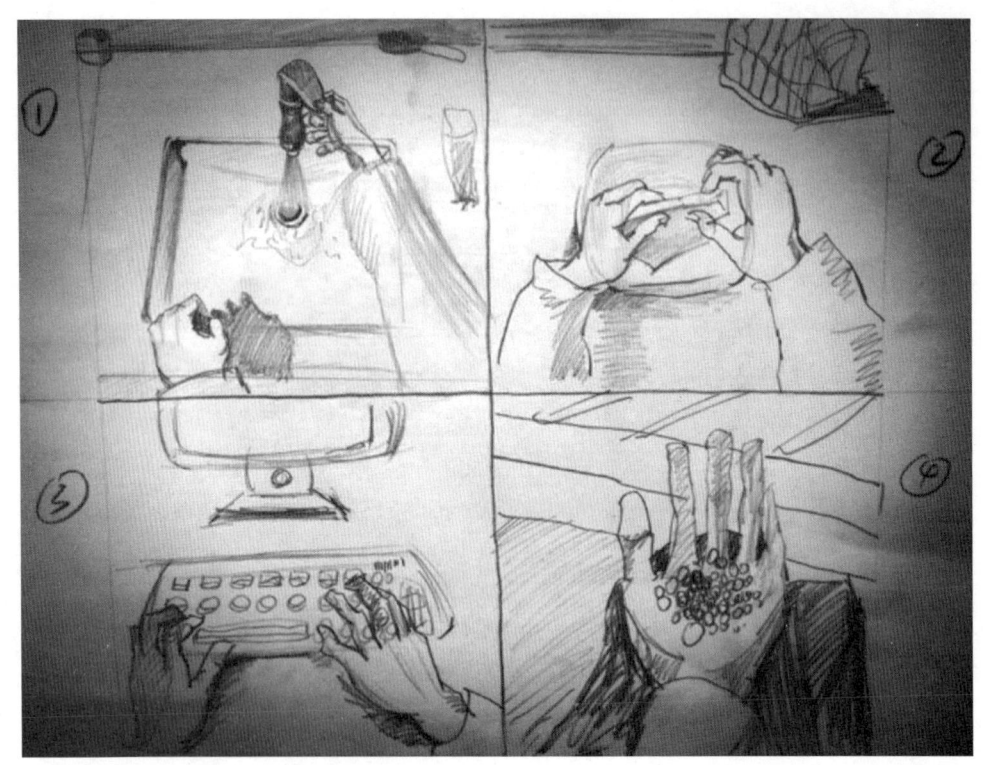

7-69 《抑郁症》广告故事板（部分）

（4）《抑郁症》广告（图7-70）

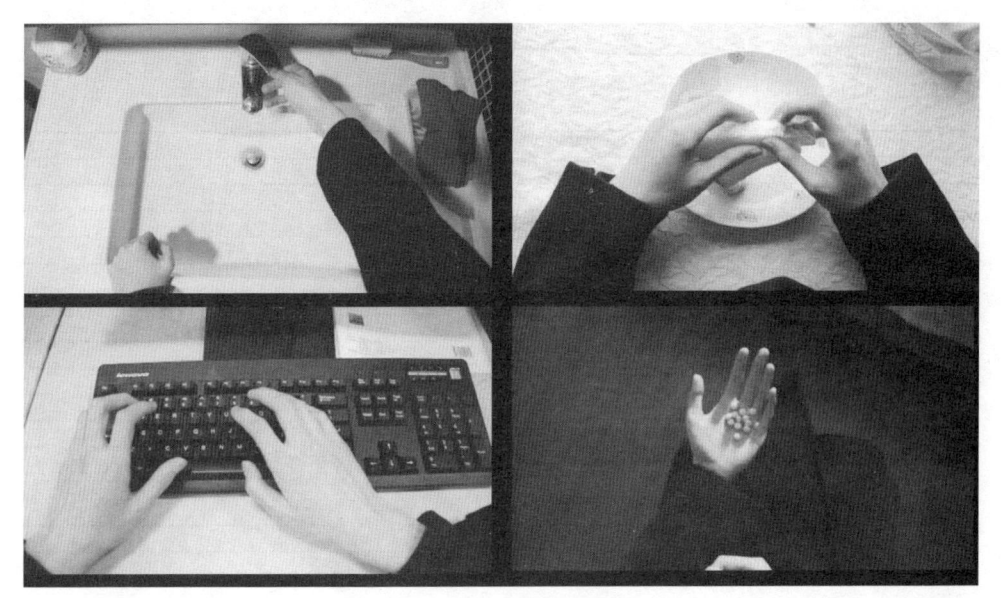

图7-70 《抑郁症》广告截图（部分）

（5）《抑郁症》广告解析：广告以患者自诉自己内心活动的第一视角贯穿整个视频，体现广告语——如果这些也发生在你或你身边人的身上，请正视并及时接受心理治疗。

七、《Reduce speed》（减速）广告解析

1. 广告名称：《Reduce speed》

2. 广告分析

（1）《Reduce speed》（减速）公益广告创意脚本

广告性质：公益广告。

广告特点：运用对比的手法。

广告内容表现：用两种不同速度的情况来表现两种情况的不同结果。

广告风格：色彩压抑，引人反思。

故事脚本：男孩在路上行走，在到马路的一瞬间变成玻璃，行车超速将男孩撞得破

碎。时光倒回,汽车减速,小男孩只是腿受轻伤。

广告语:life is fragile, reduce speed.(生命是脆弱的,请减速。)

(2)《Reduce speed》(减速)广告分镜头脚本(表7-26)

表7-26 《Reduce speed》(减速)广告分镜头脚本

镜号	景别	画面描述	音效/字幕
1	中景	男孩在人行横道上走着	嘈杂马路声,背景音乐声
2	中景	男孩张望着过马路	嘈杂马路声,背景音乐声
3	特写	特写脚,在右脚走向马路的同时男孩变成玻璃	嘈杂马路声,脚步声,背景音乐声
4	中景	玻璃男孩过马路,远方一辆车向他开来,越来越近	嘈杂马路声,背景音乐声变得急促
5	特写	汽车速度表:60	刹车声
6	特写	脚部刹车	刹车声
7	特写	双手紧握方向盘	刹车声
8	特写	特写玻璃男孩脸部惊悚表情	背景音乐
9	中景	车撞向玻璃男孩,撞向的一瞬间玻璃破碎,玻璃散落一地	玻璃破碎声
10	特写	特写正面玻璃撞碎,车在后面形成对比	玻璃破碎声
11	特写	玻璃散落在地上	玻璃破碎声
12	远景	一地玻璃,模糊镜头,车停在原地	紧张的背景音乐
13	特写	地下玻璃慢慢倒回	背景音乐
14	远景	玻璃继续倒回,车也向后倒	背景音乐
15	特写	玻璃逐渐倒回成玻璃的脚	背景音乐
16	近景	玻璃身体慢慢还原	背景音乐
17	近景	头部慢慢还原	背景音乐
18	特写	汽车速度表减慢到40	背景音乐
19	中景	玻璃男孩重新走在马路中间,后方模糊的镜头汽车重新开过来	背景音乐 汽车声
20	近景	男孩惊吓的表情	汽车声
21	中景	男孩被撞倒,汽车停了下来	背景音乐 刹车声
22	近景	男孩摔倒在地,后面模糊的汽车	背景音乐
23	特写	玻璃脚一块破裂	背景音乐
24	中景	男孩变成人形躺在地上,表情痛苦,慢慢坐起来,有人上前扶	背景音乐
25	全景	黑	Life is fragile 背景音乐
26	全景	黑	Reduce speed 背景音乐

（3）《Reduce speed》（减速）广告故事板（图7-71）

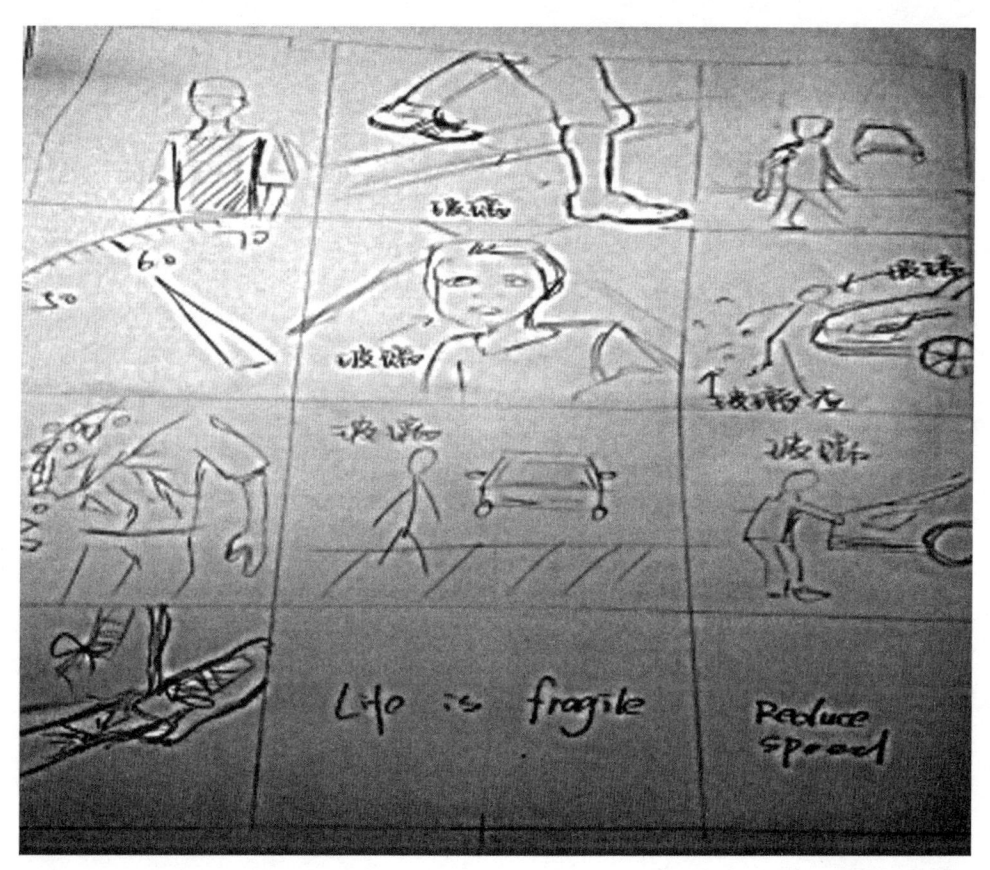

图7-71 《Reduce speed》（减速）广告故事板

（4）《Reduce speed》（减速）广告截图（图7-72、图7-73）

图7-72 《Reduce speed》广告截图1

图7-73 《Reduce speed》广告截图2

（5）《Reduce speed》广告解析：广告运用对比的手法，用两种不同速度的情况来表现两种情况的不同结果，运用时间倒回的方式，将男孩比喻成玻璃，表现人走上马路的一瞬间变得脆弱，体现"生命是脆弱的，请减速"的广告主题。

八、《TIED》广告解析

1. 广告名称：《TIED》

2. 广告分析

（1）《TIED》公益广告创意脚本

广告性质：公益广告。

广告特点：运用电影的形式表现。

广告内容表现：用一根绳子作为贯穿整个事件的锁链，表现了酒驾对人的一系列危害。

广告风格：电影故事风格，沉闷压抑。

故事脚本：一个人在酒吧喝了酒之后开车被警察查到酒驾，撞死了行人。经过法律的审判，关进了监狱。他的妻子独自一人抚养孩子压力很大，孩子见不到爸爸也很伤心难过。

广告语：IT'S ALL TIED TO ONE DECISION.（一切都取决于一个决定。）
　　　　　IF YOU DRINK，DON'T DRIVE.（如果你喝酒，就不要开车。）

（2）《TIED》广告分镜头脚本（表7-27）

表7-27 《TIED》广告分镜头脚本

镜号	景别	画面描述	音效/字幕
1	中景	在酒吧，有两个男人坐在吧台上，一个女人侧身靠在吧台上。他们在互相交谈。酒保正在制作鸡尾酒。男主角身穿格纹衬衣和牛仔裤，正在拿起酒杯喝酒	酒吧里嘈杂的人声，和酒吧的背景音乐
2	近景	男主角侧头，带着笑容。放下玻璃酒杯，看向桌上放着的车钥匙	酒吧里嘈杂的人声，和酒吧的背景音乐
3	特写	男主角的右手拿起桌上的车钥匙，转身出门。这时钥匙上牵动着一根绳子	酒吧里嘈杂的人声，和酒吧的背景音乐
4	中景	绳子从酒吧的窗外伸出来，穿过马路。一直连接到一辆警车	马路上的声音
5	近景	绳子牵引着车上的交警，按下了警报器	警报器的声音。还有沉重的钢琴声
6	中景	绳子牵引着一个女交警正在用测酒精浓度的仪器对男主角进行检测	马路上的声音和警报器的声音。还有沉重的钢琴声

续表7-27

镜号	景别	画面描述	音效/字幕
7	特写	一个男性的尸体躺在装尸袋里，正被缓慢地拉上拉链。绳子呈V字形地将尸体框住	马路上的声音和警报器的声音。还有沉重的钢琴声
8	中景	绳子从警局的门口伸出来	沉重的钢琴声
9	近景	男主站在测量身高的地方。双手举起一个罪牌。罪牌上连接着绳子。还有闪光灯	沉重的钢琴声和照相机的咔嚓声
10	远景	绳子伸进了法院里，一直连接到了审判席	沉重的钢琴声
11	近景	绳子牵引着法官敲下定罪锤	沉重的钢琴声和清脆的锤子声
12	中景	绳子伸进了一栋家庭住宅	沉重的钢琴声
13	近景	一个身穿白色条纹衬衣的女性右手扶头。桌上堆满了文件、信件。在绳子的牵引下，左手将文件推在地上	沉重的钢琴声
14	近景	男主角穿着灰色的监狱服。坐在监狱房间里，双手抱膝。绳子牵引着关上牢门	沉重的钢琴声和关上牢门的声音
15	近景	绳子伸到了一个儿童房间	沉重的钢琴声
16	近景	一个男孩呆坐在床边。穿着灰色上衣黑色裤子。一脸伤心	沉重的钢琴声
17	近景	绳子慢慢牵引着男孩的双手，慢慢捂住了脸	沉重的钢琴声
18	特写	背景全黑。屏幕中央浮现大写加粗的一句话：IT'S ALL TIED TO ONE DECISION	
19	特写	背景全黑。屏幕中央浮现大写加粗的一句话：IF YOU DRINK, DON'T DRIVE	

（3）《TIED》广告故事板（图7-74）

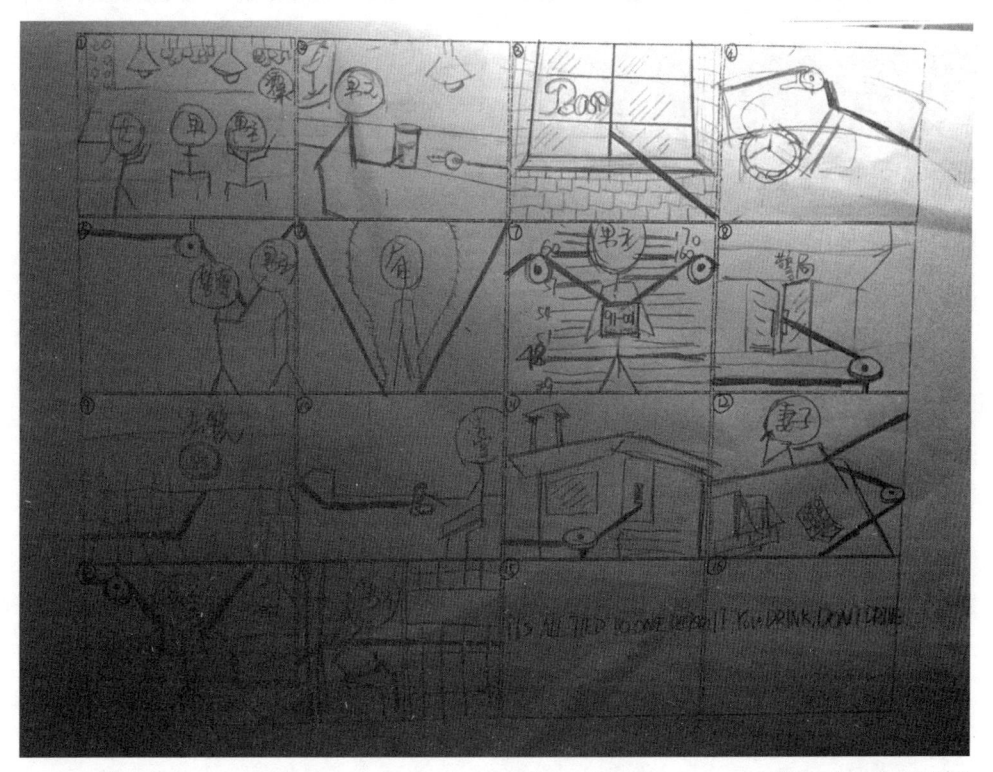

图7-74 《TIED》广告故事板

（4）《TIED》广告截图（图7-75、图7-76）

图7-75 《TIED》广告截图1

图7-76 《TIED》广告截图2

（5）《TIED》广告解析：本广告主要运用电影的形式表现主题，通过绳子来连贯整个故事，体现喝酒就是交通事故、家庭破碎的导火线。主要通过黑暗的环境和压抑的氛围，还有妻子和孩子难受悲伤的情绪告诉人们酒驾的危害。整体广告风格：沉闷压抑。通过镜头语言很好地表达了其警示众人的目的。

九、《顺，也是一种孝》广告解析

1. 广告名称：《顺，也是一种孝》

2. 广告分析

(1)《顺，也是一种孝》公益广告创意脚本

广告性质：公益广告。

广告特点：运用MV的形式表现，通过拍摄儿子带母亲去镶牙，展示有时候顺着老人也是一种孝顺。

广告内容表现：用不同的方法来表现对母亲的孝敬，顺从可以让老人开心。不同的用意，不同的方法，不变的是那颗孝顺父母的心。

广告风格：平淡朴素，浓浓亲情，和谐美好。

故事脚本：通过儿子带母亲去镶牙过程中的细节表现出儿子对母亲的孝顺。

(2)《顺，也是一种孝》广告分镜头脚本（表7-28）

表7-28 《顺，也是一种孝》广告分镜头脚本

镜号	景别	画面描述	音效/字幕
1	特写	清澈的水逐渐停止流动	水声
2	特写	放置好医疗牙齿的器材	水声
3	中景	母亲背对着躺在治疗椅上，儿子弯着腰陪伴在旁边，身穿白大褂的女医生坐在旁边慢慢地将治疗灯挪开	轻柔的背景音乐
4	近景	女医生摘下口罩面带微笑	轻柔的背景音乐 字幕（女医生中文）： 好了，大娘，选副牙吧，下周来镶
5	近景	儿子站着面对医生，并用手指在镶牙种类书上	轻柔的背景音乐 字幕（儿子中文）： 大夫，有几种啊
6	近景	母亲嘴里含着清洁水随着治疗椅慢慢抬起来，眼睛望着医生	轻柔的背景音乐 字幕（女医生中文）： 有纯钛的，钛合金的
7	特写	医生手里拿着一个牙齿模型	轻柔的背景音乐 字幕（中文）： 还有烤瓷的
8	近景	母亲抬起身子并把嘴里的清洁水吐出来	轻柔的背景音乐 字幕（儿子中文）： 妈，你看
9	近景	母亲又接着躺下并抬起胳膊指着说，儿子站在旁边看着母亲	轻柔的背景音乐 字幕（母亲中文）： 用最便宜的
10	近景	母亲躺着微笑	轻柔的背景音乐 字幕（儿子中文）： 那行
11	远景	母亲躺在治疗椅上，女医生坐在右侧，儿子站在左侧并拿出了纸和笔准备写东西	轻柔的背景音乐

续表7-28

镜号	景别	画面描述	音效/字幕
12	特写	儿子的手拿着笔在纸上写,镜头移到躺在治疗椅上的母亲的脸上	轻柔的背景音乐 字幕(女医生中文): 按说您这个年纪,应该用个好点的
13	特写	母亲躺在治疗椅上皱着眉摆了摆头	轻柔的背景音乐 字幕(母亲中文): 唉,我还能用几年啊
14	近景	儿子站在旁边手里拿着纸和笔奋笔疾书地写着	轻柔的背景音乐 字幕(女医生中文): 大娘,我看您儿子这条件也不差,您也不给您儿子一个孝顺您的机会啊
15	特写	儿子把写好的纸递给女医生的手中	轻柔的音乐 字幕(儿子中文): 大夫,用最便宜的吧
16	近景	儿子搀扶着母亲往门口走,医生从椅子上坐了起来面带微笑	轻柔的背景音乐 字幕(儿子中文): 省钱嘛
17	近景	女医生目送儿子和母亲离开并打开了手中的纸条	轻柔的背景音乐
18	特写	女医生手里的纸条上写着:"大夫,请用最好的,谢谢。"	轻柔的背景音乐 字幕(儿子中文): 请用最好的,谢谢
19	近景	女医生感动地看完纸条抬起头望向门口,眼睛里有些泪水	轻柔的背景音乐 字幕(儿子中文): 我妈脾气倔,也节省惯了
20	远景	儿子搀扶着母亲从远处往镜头走来,母亲望着儿子手摸着右边的脸,儿子笑着看着母亲	轻柔的背景音乐 字幕(儿子中文): 我想顺着她的意思,不想让她不高兴
21	全景	镜头下的树枝慢慢模糊,屏幕中央出现字幕:顺 也是一种孝	轻柔的背景音乐

(3)《顺,也是一种孝》广告故事板(图7-77)

图7-77 《顺,也是一种孝》广告故事板

(4)《顺，也是一种孝》广告截图（图7-78）

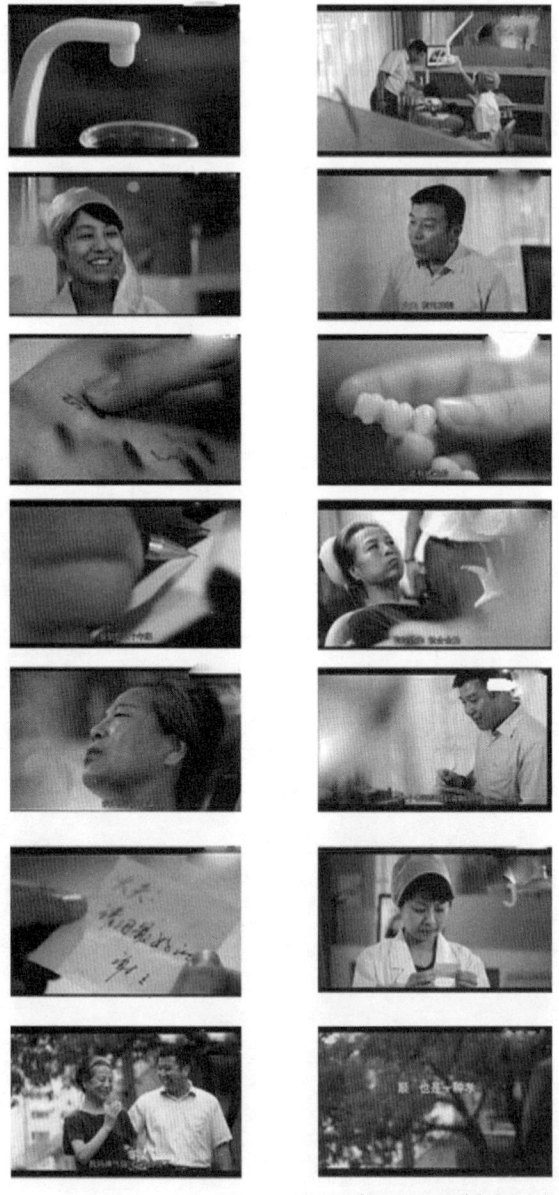

图7-78 《顺，也是一种孝》广告截图

（5）《顺，也是一种孝》广告解析：本广告主要运用MV的形式表现主题，通过拍摄儿子带母亲去镶牙，展示有时候顺着老人也是一种孝顺。主要通过用镶牙的价格选择来表现对母亲的孝顺，母亲一辈子都节省不愿意用贵的，儿子便顺着母亲的意思，用纸条给医生传递了自己的意思，既让母亲开心又让母亲可以安心地用贵的。广告整体平淡朴素，充满浓浓的亲情，和谐美好，很好地表现了广告的核心理念。

十、《世纪寻亲》广告解析

1. 广告名称：《世纪寻亲》

2. 广告分析

（1）《世纪寻亲》公益广告创意脚本

广告性质：公益广告。

广告特点：把一些生活中很普通的东西拟人化，很有趣味感。

广告风格：诙谐幽默，轻松活泼。

故事脚本：家庭吸尘器眼看就要把卷纸吸走，这时牛奶盒从桌上跳下阻挡住吸尘器前进而救下了卷纸，卷纸问："Who are you"，牛奶盒说："I'm your father"；一只塑料鸭子眼看就要被泳池湍急的水流冲走淹死，这时插在杯子中的吸管从桌上的杯中跳进泳池插进了鸭子嘴中，鸭子成功获救，它问："Who are you"，吸管说："I'm your father"；橱窗里的模特身上的衣服脱落，窗外树上的塑料袋冲向模特紧紧贴在橱窗玻璃上，挡住了模特的隐私部分。模特问："Who are you"，塑料袋说："I'm your father"。

（2）《世纪寻亲》广告分镜头脚本（表7-29）

表7-29 《世纪寻亲》广告分镜头脚本

镜号	景别	画面描述	音效/字幕
1	远景	家里客厅的场景	音效：自动吸尘器正在工作的声音
2	近景	一卷散落在客厅中间的卷纸，慢慢镜头推到桌上一个牛奶纸盒上面，牛奶纸盒正在艰难地慢慢地向桌子边沿移动	音效：紧张的音乐
3	特写	自动吸尘器正在快速地向卷纸移动，里面向外散着热风，感觉像个怪物一样，制造让人紧张的气氛	越来越紧张的音乐
4	中景	自动吸尘马上就要吸掉地上的卷纸	紧张的音乐加上吸尘器的声音
5	近景	牛奶纸盒终于移到了桌子边缘，奋力向下面一跳，在空中360度翻转，像个英勇的英雄	振奋人心的音乐
6	特写	纸盒挡在吸尘器的前头，被吸尘器推着一直往后退，最后被推到了墙壁边缘，吸尘器掉头走了	吸尘器声音逐渐变小
7	特写	纸盒由抵着卷纸慢慢移动开来	纸盒艰难移动的声音
8	近景	卷纸慢慢地感激地说出："Who are you?" 牛奶盒子酷酷地转过来说："I'm your father."	无音乐，仅字幕
9	近景	镜头切换成两个相框，上面一张照片是牛奶盒子，右上角写着FATHER，下面一张照片是卷纸，右上角写着SON。两张画面中间写着RECYCLE，意为循环利用，还有循环利用的图标	振奋人心的背景音乐
10	远景	游泳池和离得最近的桌子	无背景音乐，有水流的声音
11	近景	一个侧躺在泳池里面的塑料鸭子，快不能呼吸了，水流也很湍急。桌子上有一个空杯子，里面一根吸管正在前后左右摆动，直到把杯子弄倒	逐渐紧张的背景音乐

续表7-29

镜号	景别	画面描述	音效/字幕
12	远景	吸管纵身一跃，掉进泳池里面，用力地摆动自己的身体，向侧躺着的塑料鸭子游过去	超级紧张的背景音乐
13	特写	吸管慢慢地立了起来，成功地插进了塑料鸭子的嘴巴里面，鸭子能够呼吸了	轻柔的背景音乐
14	特写	鸭子问吸管："Who are you？"吸管说："I'm your father."	没有背景音乐，安静得只有对话声音
15	远景	镜头切换成两个相框，上面一张照片是吸管，右上角写着FATHER，下面一张照片是塑料鸭子，右上角写着SON。两张画面中间写着RECYCLE，意为循环利用，还有循环利用的图标	振奋人心的背景音乐
16	近景	服装店橱窗	外面呼呼的风声
17	近景	慢慢由橱窗切换到外面挂在树上的塑料袋，塑料袋在树枝上随风摇晃	呼呼的风声
18	特写	突然橱窗里面的塑料模特身上的衣服掉了，模特脸上升起了两朵红晕	音乐声起，变得急促紧张
19	远景	树上的塑料袋借助着风力和自己的力量，终于脱离了树枝，一股脑地冲向橱窗外面的玻璃上，紧紧地贴在玻璃上	背景音乐变得紧张
20	远景	镜头拖远，塑料袋贴在橱窗外面，正好帮着模特挡住了隐私部位	轻柔的背景音乐
21	近景	模特泪眼闪闪地问塑料袋："Who are you？"塑料袋说："I'm your father."	无背景音乐
22	远景	镜头切换成两个相框，上面一张照片是塑料袋，右上角写着FATHER，下面一张照片是模特，右上角写着SON。两张画面中间写着RECYCLE，意为循环利用，还有循环利用的图标	振奋人心的背景音乐

（3）《世纪寻亲》广告故事板（图7-79）

图7-79 《世纪寻亲》广告故事板

（4）《世纪寻亲》广告截图（图7-80、图7-81）

图7-80 《世纪寻亲》广告截图1

图7-81 《世纪寻亲》广告截图2

（5）《世纪寻亲》广告解析：这是一个别出心裁的公益广告，通过几个相似的小故事，清晰准确地表达出了循环再生的理念，把几个循环再利用的小物件的联系通过拟人化的手法完完全全地表达出来了。也因为赋予这些小物件生命，使得广告的趣味性增加，吸引观众的注意力。

十一、《帮妈妈洗脚》公益广告解析

1. 广告名称：《帮妈妈洗脚》

2. 广告分析

（1）《帮妈妈洗脚》公益广告创意脚本

广告性质：公益广告。

广告特点：爱心传递，孝敬父母，弘扬传统文化精神，传播正能量。以培养新一代正能量精神，做好爱心传递的效果。

广告风格：轻松自在，温情纯真。

故事脚本：一位年轻母亲晚上一边帮儿子洗脚一边讲小鸭子的故事。帮儿子洗完后妈妈又去给轮椅上的奶奶洗脚，被儿子看到。儿子受到启发若有所思。等母亲再次回到房间却看不到儿子，然后听到儿子在背后说："妈妈，洗脚。"片子结尾母亲坐在床上，儿子低头笨拙但认真地为母亲洗脚，同时对母亲说："妈妈，我也给你讲小鸭子的故事。"

广告语：父母是孩子最好的老师，将爱心传递下去。

（2）《帮妈妈洗脚》广告分镜头脚本（表7-30）

表7-30 《帮妈妈洗脚》广告分镜头脚本

镜号	景别	画面描述	音效/字幕
1	近景	孩子脚在水盆中，母亲的一双手在为他洗脚	
2	近景	孩子母亲一边给他洗脚一边给小男孩讲故事："小鸭子游啊游，游上了岸。"	字幕：小鸭子游啊游，游上了岸 音乐：音效统一贯穿全片
3	近景	小男孩洗完脚快乐地在床上打滚，开心至极	音效统一贯穿全片
4	近景	母亲洗完脚要出去并同时对儿子讲："你自己看，妈妈待会儿再给你讲。"	音效统一贯穿全片 字幕：你自己看，妈妈待会儿再给你讲
5	近景	小男孩躺在床上看书	音效统一贯穿全片
6	中景	母亲拎着一桶水进了另一个房间	音效统一贯穿全片
7	近景	母亲拎着一桶水进了另一个房间	音效统一贯穿全片
8	近景	小男孩好奇地紧跟着出了门	音效统一贯穿全片
9	特写	孩子母亲正蹲着在给孩子的奶奶洗脚，奶奶说："忙了一天了。"	音效统一贯穿全片 字幕：忙了一天了
10	近景	孩子母亲正蹲着在给孩子的奶奶洗脚，奶奶说："忙了一天了。"	音效统一贯穿全片 字幕：忙了一天了
11	特写	奶奶将了捋孩子母亲的头发接着说道："歇一会儿吧。"，孩子母亲笑了笑，说："不累。"	音效统一贯穿全片 字幕：歇一会儿吧 不累
12	近景	孩子倚在门边看着这一切	音效统一贯穿全片
13	特写	孩子倚在门边看着这一切	音效统一贯穿全片

续表7-30

镜号	景别	画面描述	音效/字幕
14	中景	孩子母亲舀着水给奶奶洗脚,奶奶轻轻叹了口气	音效统一贯穿全片
15	特写	奶奶轻轻叹了口气,同时孩子的母亲说:"妈,烫烫脚对您的腿有好处。"	字幕:妈,烫烫脚对您的腿有好处
16	特写	孩子看到母亲给奶奶洗脚的情景之后跑了出去	音效统一贯穿全片
17	近景	孩子的母亲回到房间打开门一看孩子不在房间里。房间里的风铃叮当作响,母亲听到孩子的声音便扭回头看去	音效统一贯穿全片
18	近景	这时孩子端着一盆水由远及近走来	音效统一贯穿全片
19	近景	小男孩开心地说:"妈妈,洗脚。"	音效统一贯穿全片 字幕:妈妈,洗脚
20	特写	小男孩的母亲露出了欣慰的笑容	音效统一贯穿全片
21			原背景音乐响起
22	近景	镜头转换	
23	近景	小男孩坐在小板凳上给坐在床边的母亲洗脚,对母亲说:"妈妈,我也给你讲小鸭子的故事。"	字幕:妈妈,我也给你讲小鸭子的故事
24	近景	同时画外音:"其实,父母是孩子最好的老师。"	字幕:将爱心传递下去
25	标版	字幕同时镜头画面逐渐模糊	

(3)《帮妈妈洗脚》广告故事板(图7-82)

图7-82 《帮妈妈洗脚》广告故事板

（4）《帮妈妈洗脚》广告截图（图7-83）

图7-83 《帮妈妈洗脚》广告截图

（5）《帮妈妈洗脚》广告解析：本广告主要运用MV的形式表现主题，通过家庭内景拍摄一位母亲照顾完儿子再照顾孩子的奶奶。母亲为家庭的付出及内心的善良孝顺被儿子看到后儿子深有感触，母亲的言传身教使得孝道得以传递下去，此广告内容让观众深受启发。广告拍摄形式简单且亲近，以一种轻松快活的广告形式触动观看者的内心，呼应将爱心传递下去，是一则充满正能量的公益广告。

十二、《BATMAN》广告解析

1. 广告名称：《BATMAN》

2. 广告分析

（1）《BATMAN》公益广告创意脚本
广告性质：公益广告。
广告特点：运用MV的形式表现受战争影响的小孩幻想蝙蝠侠在自己身边，给自己力量。
广告内容表现：受战争影响的小男孩幻想自己受到蝙蝠侠的各种帮助，与蝙蝠侠一起玩耍，露出了纯真的笑容，蝙蝠侠给了他力量。他最后在行走的蝙蝠侠肩上睡着，回到受战争影响的现实中。
广告风格：温馨、感人。
故事脚本：对于一些不幸的人来说，逃避现实的唯一途径就是幻想。受战争影响的孩子幻想蝙蝠侠给自己带来欢笑与力量，从而呼吁大家帮助受战争影响的孩子们。
广告语：Unfortunately for some, fantasy is the only way to escape reality. Help children affected by war.（对于一些不幸的人来说，逃避现实的唯一途径就是幻想。帮助受战争影响的儿童。）

（2）《BATMAN》广告分镜头脚本（表7-31）

表7-31 《BATMAN》广告分镜头脚本

镜号	景别	画面描述	音效/字幕
1	近景	一个战争影响环境下的小男孩肩扛着一桶水艰难行走	脚步声
2	特写	小男孩走路的双脚	脚步声
3	特写	一双手接过男孩肩上的桶装水	温情的背景音乐
4	特写	男孩一脸疑惑	温情的背景音乐
5	特写	以小孩的视角看到蝙蝠侠特写	温情的背景音乐
6	特写	小男孩看到眼前高大的蝙蝠侠，露出纯真的笑容	欢快的背景音乐
7	中景	蝙蝠侠将水换到右手，左手伸出牵小男孩	欢快的背景音乐
8	特写	蝙蝠侠和小男孩牵着手	欢快的背景音乐
9	中景	蝙蝠侠牵着小男孩在破乱的环境中开心地行走	激情的背景音乐
10	特写	特写小男孩和牵着的双手，男孩面部看向蝙蝠侠纯真地笑着	激情的背景音乐
11	近景	蝙蝠侠将男孩扛在肩上玩耍，男孩面部依旧是笑容	欢快的背景音乐
12	近景	男孩开心地踢球	欢快的背景音乐
13	近景	拍蝙蝠侠正面，双手摊开斗篷和小男孩玩球	欢快的背景音乐
14	近景	男孩将球踢过蝙蝠侠两腿，类似踢进球门，双手举过头喝彩，露出胜利的笑容	欢快的背景音乐
15	近景	蝙蝠侠和小男孩掰手腕	欢快的背景音乐
16	特写	小男孩面部特写，面带微笑并且眼神坚定地与蝙蝠侠对视	欢快的背景音乐
17	近景	蝙蝠侠面部吃力的感觉	欢快的背景音乐
18	近景	小男孩胜利，再次兴奋喝彩并开心大笑	欢快的背景音乐
19	近景	小男孩用胳膊遮住眼睛伏在木柱子上倒数准备与蝙蝠侠玩捉迷藏，蝙蝠侠在小男孩身后张望寻找要藏起来的地点	欢快的背景音乐
20	中景	蝙蝠侠飞起	激情的背景音乐
21	近景	蝙蝠侠躲在晾衣绳下，其他衣服用夹子夹在绳子上，蝙蝠侠用夹子夹住自己的耳朵，挂在晾衣绳上	激情的背景音乐
22	中景	蝙蝠侠面部露出滑稽的表情，伴随着一只夹子垂下来形成了一个比较有趣味性的画面	激情的背景音乐
23	特写	蝙蝠侠的手指拨动吉他弦	激情的背景音乐
24	中景	蝙蝠侠和六个衣着单薄的孩子围着火炉坐在一起，蝙蝠侠弹吉他，其他孩子们在欢笑鼓掌	激情的背景音乐
25	近景	主人公小男孩坐在蝙蝠侠旁边一脸崇拜而充满希望的表情看着蝙蝠侠	激情的背景音乐
26	远景	蝙蝠侠和小男孩在田野上放风筝，自由欢快地奔跑着，与环境构成一幅温馨和谐充满希望的画面	激情的背景音乐
27	特写	特写蝙蝠侠的手和小男孩的面部，蝙蝠侠的手抚摸男孩的头，男孩手拿风筝线幸福望着天空飞翔的风筝，画面充满希望和幸福感	激情的背景音乐
28	特写	蝙蝠侠抱着小男孩在田野间行走，小男孩的头趴在蝙蝠侠肩上，一脸悲伤和凝重	高潮的背景音乐
29	特写	小男孩逐渐闭上眼睛睡着了，一同行走的多了一些难民，天空中有直升机飞过	音乐无，出现直升机的声音和行走的脚步声
30	近景	一个男人从镜头前走过，蝙蝠侠变成了一位中年男人抱着熟睡的男孩在田野间行走。周围的人抱着被子和破布	直升机的声音和一群人行走的脚步声
31	全景	这一群难民在路上行走的背影。不远处的房子被炸后浓烟滚滚	脚步声逐渐消失
32	全景	屏幕全黑，正中央出现字幕——Unfortunately for some, fantasy is the only way to escape reality	Unfortunately for some, fantasy is the only way to escape reality
33	全景	弹出标志和字幕	Help children affected by war

（3）《BATMAN》广告故事板（图7-84）

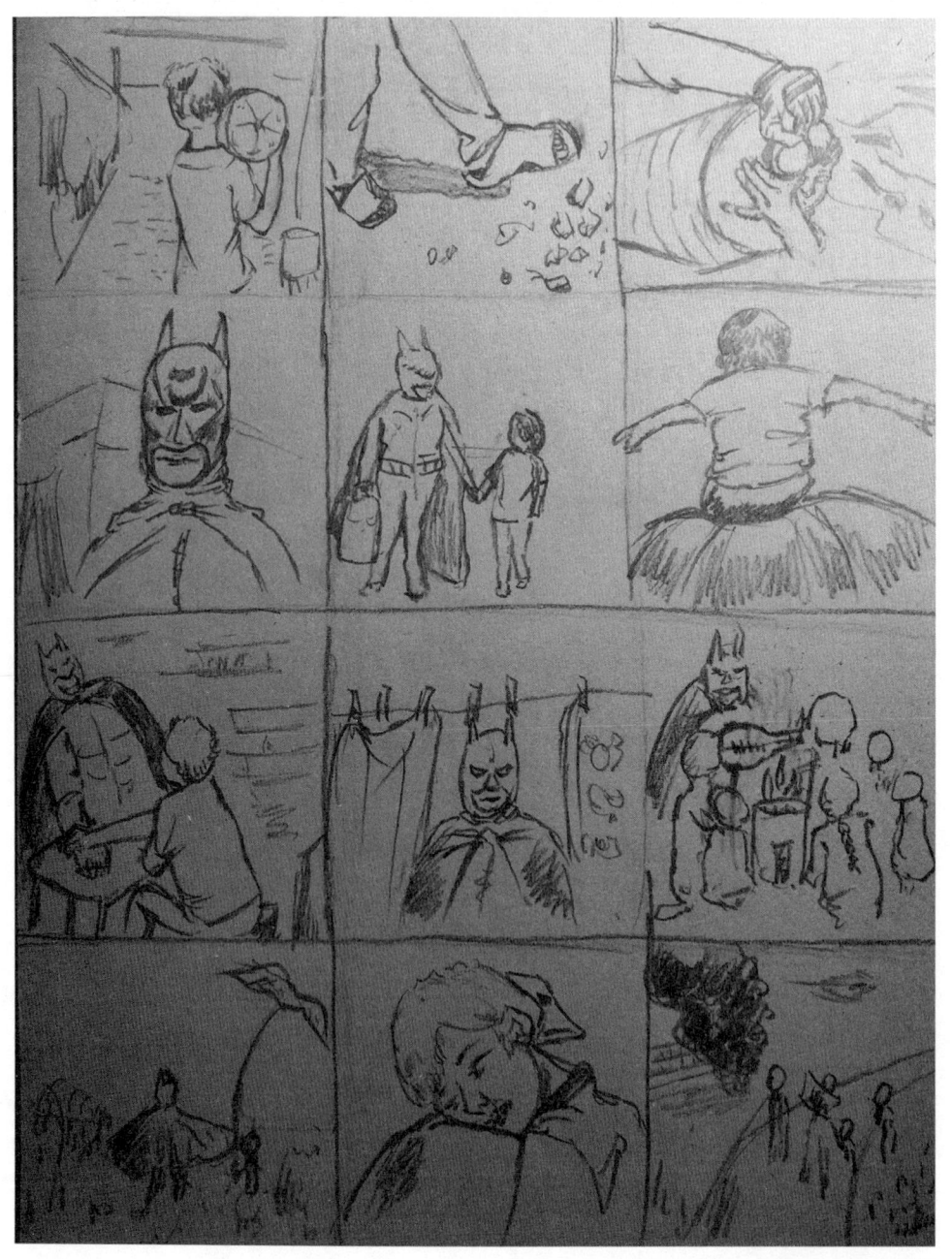

图7-84 《BATMAN》广告故事板

（4）《BATMAN》广告截图（图7-85）

图7-85　《BATMAN》广告截图

（5）《BATMAN》广告解析：本广告主要运用MV的形式表现主题，通过拍摄受战争影响的孩子渴望安宁，幻想出蝙蝠侠帮助自己并与自己开心地玩耍，在玩耍的过程中孩子感受到了快乐，有了天真纯洁的笑容，而片尾最终回归现实，父亲抱着绝望的孩子同难民们逃离被战争摧毁的家园，天空有直升机，远处的房子被炸得冒出滚滚浓烟，孩子的内心世界因为战争而受到了极大摧残,幻想出来的蝙蝠侠,让他在战乱中露出笑容。对于有些不幸的人来说,似乎只有幻想才能逃避现实。整个广告在战乱的破败背景下拍摄,温馨的剧情和这个环境形成鲜明对比,并配合激情的背景音乐,整个广告都是幻想出来的快乐,而最后结尾回到现实,音乐消失,直升机、浓烟、难民以及孩子绝望的眼神让广告更加深入人心,很好地表达出了广告的核心理念,呼吁我们关爱和帮助受战争影响的孩子以及不幸的人们。

十三、《韩国环保公益广告》解析

1. 广告名称:《韩国环保公益广告》

2. 广告分析

(1)《韩国环保公益广告》创意脚本

广告性质:公益广告。

广告特点:运用二维和三维结合的形式以及图片对比的形式表现全球变暖,环境破坏。

广告内容表现:用不同的场景表现环境被破坏、全球变暖造成的恶劣影响,警醒人们保护环境从现在开始。

广告风格:沉重,警醒世人。

故事脚本:由失去栖息地的北极熊到被洪水淹没家园的人类;由恐龙化石到龟裂的土地;由崩塌的雪山到大片被砍伐的树木;由北极熊亲吻小熊到母女情深,故事呼吁我们减少能源使用和温室气体排放,应该从现在开始。

(2)《韩国环保公益广告》分镜头脚本(表7-32)

表7-32 《韩国环保公益广告》分镜头脚本

镜号	景别	画面描述	音效/字幕
1	远景	一块冰山漂浮在水面上,一只手轻点一下	轻柔的背景音乐,按键声
2	近景	一只北极熊站在海面上唯一的一块冰块上	轻柔的背景音乐
3	远景	一只手下拉,两个人在洪水中的汽车车顶上互相依偎	轻柔的背景音乐,字幕浮现:不知不觉间
4	远景	一具巨大的恐龙骸骨躺在荒地上	轻柔的背景音乐
5	远景	一只手从右向左划过,一辆挖掘机在龟裂的土地中央	轻柔的背景音乐
6	远景	雪山崩塌	轻柔的背景音乐
7	特写	一只手从上往下划过,森林被砍伐,只剩下一个巨大的坑洞	轻柔的背景音乐,字幕浮现:不知不觉间

续表7-32

镜号	景别	画面描述	音效/字幕
8	特写	北极熊母子相互嬉闹，母熊为小熊舔毛	轻柔的背景音乐
9	特写	一只手从右向左划过，母亲抱着孩子，轻轻安抚	轻柔的背景音乐，字幕浮现
10	近景	三分画面，分别出现关车钥匙，关开关，拔插头	轻柔的背景音乐，字幕浮现
11	近景	画面全黑	字幕浮现：请减少能源使用和温室气体排放

（3）《韩国环保公益广告》广告故事板（图7-86）

图7-86 《韩国环保公益广告》广告故事板

(4)《韩国环保公益广告》广告截图（图7-87）

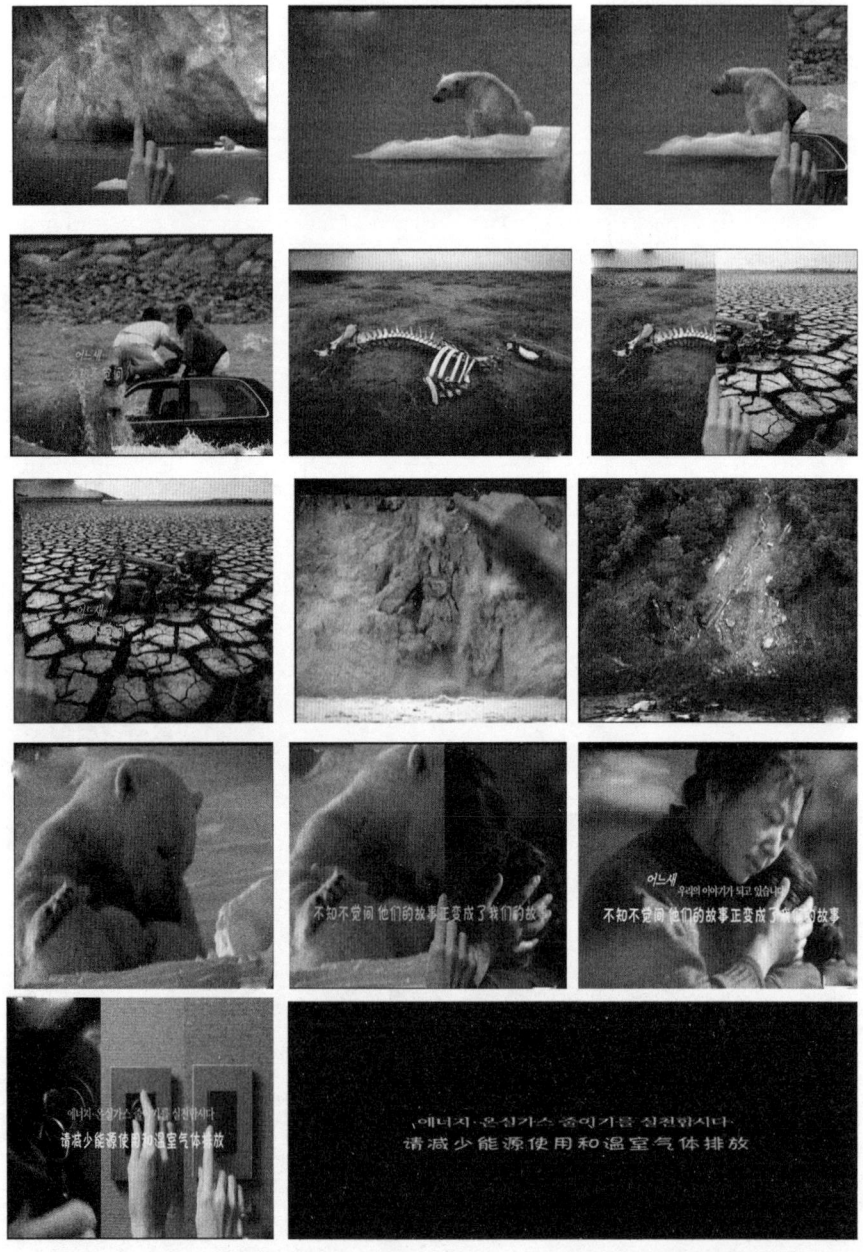

图7-87　《韩国环保公益广告》广告截图

(5)《韩国环保公益广告》广告解析：本广告主要体现全球变暖，人类生存环境遭到破坏，呼吁人们要善待自然，主要采用了二维和三维结合的形式以及图片对比的形式表现广告的主题。画面的构图完整，色彩和谐，较好地反映了广告的主题思想，提醒人们保护环境要从现在开始。

第八章 "微时代"语境下微电影广告创意解析

第一节 微电影广告的基本特征

随着科技的高速发展，我们已进入一个信息碎片化的时代，互联网环境的变化与发展将我们的生活分割成一段段零散细碎的时间，这些碎片化时间，无形中推动了微时代环境下微媒体的发展。微博、微信等微媒体应运而生。其中，微电影广告就是一种新兴的广告形式。微电影广告作为电影与广告二者的合成体，不仅顺应了消费者"碎片化"的生活方式，更是打破了传统植入广告在形式与内容方面的诸多限制，将广告产业带入了一个全新的天地。

在我国，2010年被业界认为是微电影广告的元年，凯迪拉克的《一触即发》（图8-1）在广告界可谓是"一触即发"。从2011年开始，微电影广告步入飞速发展的时期，雪佛兰冠名的《老男孩》（图8-2）、益达投拍的《酸甜苦辣》（图8-3）都成为微电影广告的模范之作。相较于传统影视广告，微电影广告具有非常明确的特征。

图8-1 凯迪拉克的《一触即发》广告

图8-2 雪佛兰冠名的《老男孩》广告

图8-3 益达投拍的《酸甜苦辣》广告

一、微电影广告传播模式的特征

微电影广告对传统广告的传播模式方面有了巨大的革新,传统影视广告是点对面的单向传播,而微电影广告的观众在看完影片之后就能直接把信息回馈给作者或在网友之间形成交流互动,是一种双向的交互式传播。微电影广告这种低成本、人性化的推广,避免了推销员对消费者的干扰,并通过信息和互动的对话和消费者建立长期良好的关系。这种新型的广告传播模式,使受众对微电影广告具有了操控性。微电影广告通过网络这一活跃的信息传输通道,使企业和用户实现双向互动完整的市场销售流程。

例如:2011年8月新浪视频和别克汽车举办了新浪微剧本大赛"向前的理由@别克",网友通过新浪微博发送剧本,一部微剧本作品最多由5条微博构成,选择优胜剧本拍成微电影，并且在新浪及其他视频媒体中进行二次传播。这能使受众通过微博像一个专业剧作者一样参与到微电影的创作中，调动了受众的参与积极性，这在传统电影的创作中很难实现，它改变了传统电影制作的流程和观念。

二、微电影广告传播时空的特征

微电影广告突破时间和空间的限制，其主要原因是由于微电影广告是以互联网为传播途径的，而互联网已经超越时间和空间限制而实现信息交换。因此，它具有篇幅短、制作周期短的特点，非常符合互联网时代的特征，与传统广告宣传片相比更具吸引力、亲和力、可看性和传播力。

三、微电影广告传播主体的特征

微电影是介于传统电影与网络视频之间的产物，既继承了网络视频的草根性，降低了电影的门槛，同时又大大提升了网络视频的水平，因此，微电影广告的传播主体具有专业化与大众化的特征。

目前，微电影按照传播主体分类，可以分为三种，一种由广告商投资拍摄，不同于传统的电影电视中硬性的植入性广告，它是将产品与短片内容融为一体的传播营销手段。另一种是由广告商找到视频网站，由视频网站搭建团队进行拍摄。第三种是由专业的电影人所制作的"微电影"，此类短片首先由大牌明星操刀或参演，其次是由某个品牌赞助，另外，其投入的成本高，使用的技术和制作的水平也较为专业，拍出的高质量的视频比较多。

四、微电影广告传播内容的特征

1. 广告故事情节扣人心弦

为了网络观众能迅速接受微电影广告，大部分微电影广告选择了跌宕起伏的叙事特点，开端与结局被压缩或省略，以大篇幅展现事件高潮的叙事方式来完成。例如：《一触即发》的剧情就类似好莱坞的警匪片，动作部分和追逐戏几乎占了影片内容的全部，执行任务的男主角与神秘黑衣人展开一场殊死较量，在助手与座驾的协助下，男主角杀出重围，化险为夷。可见，微电影的叙事策略是将观众最感兴趣的部分无限放大，而淡化次要情节，以达到在情绪上与观众的快速共鸣。

2. 广告突出品牌，淡化产品

品牌是决定企业能否在激烈的市场竞争中处于不败之地的重要因素之一，也是决定企业能否坚持可持续发展的重要依据之一。微电影广告就非常注重广告信息在消费受众中的"软传播"，具有"淡化产品，突出品牌"的表现特点。

例如：尊尼获加在微电影广告《路语》中，拒绝植入其产品，只是向消费者呈现少量的文案，如"尊尼获加呈献"和"keep walking"等。倘若只表面地看微电影剧情，是无法让人联想到苏格兰威士忌的，但是它所呈现的主题——永远向前却打动了无数的消费者。尊尼获加在其微电影广告《路语》当中，把其品牌文化、品牌理念很好地释放出来，传达给受众。展现着其目标消费群体——成功人士的生活方式、消费文化，让消费者对其品牌内涵产生了心灵的触动。可见，微电影广告只有淡化产品，突出品牌才更具有宣传价值，才能令更多的受众主动关注、欣赏，才能具有传播持续性。

3. 广告突出电影，淡化广告

碎片化时代下的受众已经被商业味十足的传统广告轰炸多年，因此，微电影广告必须另辟蹊径，淡化广告味在微电影广告中的分量，更多地用电影情节去感染受众。例如：路虎的连载式动漫微电影广告《极光之城》，总共有八集，平均每周播出一集，这部微电影广告使用漫画和实景相互融合的风格，每一集都留下一个悬念，下一集再破解悬念。这一系列微电影广告，情节紧凑、悬疑、引人关注，场景紧张、刺激。整个系列广告片看不出一丝广告的痕迹，俨然就是一部动作悬疑大片，获得受众的极大关注。可见，由于受众一般在碎片化时间中观看微电影广告，所以微电影广告必须突出电影元素，特别是情节具备，要兼具合理性和吸引性。

4. 广告注重深度，淡化时长

在中国文学界有个说法：长文好作，短诗难赋。微电影广告也是如此。微电影广告通常是在移动状态下、碎片时间中才会被观看。因此，微电影广告必须具有富有创意、短小精悍、内涵深刻的特征。例如：凯迪拉克的《一触即发》时长94秒；佳能的《leave me》时长180秒；桔子水晶酒店12星座系列微电影广告时长均在76~143秒之间。由此可见，微电影广告追求的是在最短时间内将一个品牌故事讲给消费者听，整体显得短小精悍，不拖泥带水。

总的来说，微电影广告的"微"是它最明显的特征，具体表现为：微时长、微周期、微投资。基于其"三微"特征，微电影广告能够较大幅度地节约交易成本。对于企业，相比其他销售渠道，互联网交易成本已经大幅降低；就吸引客户而言，不是让销售人员主动寻找客源，而是让客户主动"送上门"，节约了人力资源以及成本。微电影的内容以微著称，可谓短小精悍，这个特征正迎合了当今快餐文化的时代。

第二节 微电影广告的基本要素

微电影广告符合了广告软传播的需求。一方面，故事性广告致力于让观者产生共鸣和情感认同，并对故事中呈现的品牌和产品留存记忆；另一方面，微电影广告把生硬式说教变为一种温情的关怀，采用软植入的方式演绎故事情节，商业味道淡，贴合人性。无论从艺术感还是情节性来看，微电影都具有较强的观赏性，给人一种视听上的享受。故事性是微电影广告艺术感染力的源泉，决定着微电影广告的成败。微电影广告的本质是通过图像、影音讲述故事。作为叙事类作品的一种，微电影广告与影视、戏剧等同样涉及情节、人物、环境三大要素，影响微电影广告创意的因素也主要集中在这三个方面。

一、情节要素

微电影广告常以"系列"或"季"的形式推出，通过故事情节吸引受众。例如：益达《酸甜苦辣》系列，将一个完整的故事以"酸甜苦辣"为主题切割为四个小故事，在每一个小故事结尾处显示"未完待续……"的字样，充分挑起人们对下一个故事的期待。"酸甜苦辣"系列广告由彭于晏、桂纶镁领衔主演，由在敦煌沙漠初遇和以"酸"、"甜"、"苦"、"辣"为题的四个小广告构成。讲述了彭于晏饰演的浪迹天涯的男人碰到桂纶镁饰演的女主之后，两人一起上路去到海边，最后因为男人的不解风情，女人黯然离开的一个故事。一句"你的益达也满了"，不由得勾起人们对于"恋人已满"的甜蜜憧憬。把四则小广告联系在一起，就变成一个完整的故事。一开始男人骑着摩托车在沙漠里的加油站加油，误以为工作人员是个男的，结果却是一个美丽的女人，他们之间有简短的交谈，然后油加满了，女人又把他的益达也加满了。男人骑车出去行驶了一段，停了下来（并返回），正在加油站的女人听到车鸣声由远及近，脸上露出了会心一笑。这是整个故事的序幕，接下来就是酸甜苦辣的四个小故事。

第一个故事是甜。他们走到人际喧嚣的小镇，男人突然丢下女人自己跑掉，女人还没回过神来就看到男人拿了两串糖葫芦过来。"我请！"他说。女人拿着糖葫芦偷偷转过头笑，结果摩托车又没法发动，女人出动才搞定，最后走的时候，女人直接坐在他的后面，用手环住他的腰，说道："看路，我们还要去海边呢。"那一丝丝情愫就在空气里面慢慢发酵，两个人脸上都带着幸福而满足的微笑，原来有人同行是这么美好的事情。

　　第二个故事是酸。他们走到一家面馆停下来吃东西，面馆老板是一个漂亮的女人，男人和面馆老板之间眉来眼去的互动让女人很窝火。男人还把他们的益达分给面馆女老板吃。于是女人直接拿醋出气，在吃面的时候很用力倒醋一不小心把整瓶醋都倒进自己碗里，男人也愣住了，让她换一碗，她倔强地不干，强迫自己把面吃完，酸到眼泪都出来了。吃完了抬头一看，男人不见了。这个时候老板娘给她一瓶益达，告诉她："其实他挺关心你的"，两人终于和好如初。在恋爱关系里面这样的小别扭带给人小小的酸涩，不过最终一切都会雨过天晴。最后他们又听到老板娘那句熟悉的："帅哥，要吃点什么？"他们转头一看，是一个白发苍苍的老人，原来老板娘是见谁都那样，女人偷偷地笑了起来。

　　第三个故事是辣。他们因为迷路而挨饿，女人对男人不听自己意见而导致迷路这个事情生很大的气，看着前面有吃的就不管不顾地一路跑过来，男人一路小心赔着不是。走到烧烤摊前，女人一口气要了十串烤肉。烤肉端过来后女人拿着一根就往嘴里送，男人拦都拦不住，结果她吃了过后被狠狠地辣到。她边喝男人递过来的水边抬头，一看招牌居然是"辣得跳"，就更生气，很大声地说你怎么不告诉我。旁边的几个人让他们小声点，女人一嗓子就喊过去，"怎么你们看不起女人。"然后，就是经典的男人拉着女人跑的桥段。他们拉着手边跑边笑，于是冰释前嫌。其实走哪个方向都无所谓，只要有彼此就够了。

　　最后一个故事是苦。男人和女人终于来到海边，女人玩得很开心，场景很美很浪漫，是完全属于两人的温馨时光，哪怕被海水呛到也是那么开心。女人很期待地问："接下来我们怎么样？"不解风情的男人开始滔滔不绝地说他们的旅行计划，没有注意到女人黯淡下去的眼神。她问的从来都不是下一个地点，而是两个人要不要在一起。最终女人选择了离开，她一直期待男人能追过来，可是他没有。在离开的公车上，女人想起他们曾经一起经历过的酸甜苦辣，泪流不止。

　　结尾篇再一次为观众留下悬念，相互爱恋的男女主人公分离后是否还会重逢，他们又将以什么样的形式重逢，种种疑问为《酸甜苦辣》第二季的推出打下了良好基础。一波三折的情节、曲折浪漫的爱情使这部微电影广告不仅斩获亚洲实效营销金奖、艾菲实效营销金奖，还拿下了微电影金瞳奖等诸多奖项。

　　微电影广告故事情节的设定一般有以下几种形式：

1. 将故事与广告的服务对象相结合

如有道云笔记《随时随地，记录身边点滴》微电影广告将一个失忆男孩和一个默默支持他的女孩的爱情故事拍得让人回味无穷。故事主题可以是话题型、幽默型、励志型等，也可以成为激励消费者，引导其人生观和价值观的原动力。总之，微电影广告主题的选择必须和消费者息息相关。微电影要注重故事题材的选择，注重题材的应景应势，将故事与广告的服务对象相结合。

2. 将企业理念、文化与故事情节进行结合

如益达口香糖《酸甜苦辣》系列广告，借用一段真切的爱情故事来推销产品、阐述产品内涵、推广企业理念——关爱牙齿，更关心你。抽象的味觉演绎，让人回想起恋爱中的点点滴滴，勾起受众美好的回忆，实现了品牌信息的恰当植入和产品特性的完美演绎，深入表现企业价值观，促进企业向品牌导向型发展。

3. 将故事的主题与产品内涵相结合

由黑人牙膏在母亲节推出的《每人都有个坏妈妈》就是不错的案例。故事从清晨的琐事中表现妈妈如何"坏"，妈妈的美食"坏了"我的减肥计划，妈妈的整洁"坏了"我的杰作，妈妈的牛奶"坏了"我的美梦，妈妈的话语"坏了"我的好事，生活点滴之间融入了浓浓的母爱。广告的最后，出现字幕"黑人牙膏赞助播出"，让人觉得亲切、自然，感动于"坏妈妈"烦琐生活的同时也记住了黑人牙膏。

4. 将产品本身演绎成一个完美的故事

《花露水的前世今生》是一部关于花露水的微电影广告，它很朴实地讲述了花露水的变迁历史和产品品牌的文化内涵。在短短的影片中，我们能找到时间的流逝、事物的变迁，同时我们也轻易地接受和回顾了品牌的历史。与其说这个广告是在说花露水的历史，不如说是我们对自己的怀旧。

5. 将产品作为一个点进行故事延伸

将产品作为一个点进行发散联想，引发故事情节，在故事中表现产品的优势特点。例如：佳能相机《Leave Me让我留下》微电影广告，广告中男主人公因思念自己的爱妻而让父亲将自己留在相机定格的画面，广告电影中透出淡淡的忧伤，这种对爱情的忠贞是无数女孩心中的追求；慕思寝具出品的《床上关系》广告也是由床这个地方而产生的故事，这是一个带有伦理性质的主题，通过对一对夫妻因在床上发生的事而引发的矛盾争斗的展现，让人们对幸福、信任、伦理进行更多的思考，更让观众对结局产生了诸多

猜测，达到了很好的宣传效果。

二、人物要素

为了加大宣传力度，广告主通常选择较有社会影响力的明星出演广告，作为品牌的代言人。而代言人的气质、个性是否符合品牌形象与品牌文化是广告能否被受众接受的一大关键。例如：力士推出的《金纯魅惑》（图8-4）堪称一场视觉盛宴，不论从这部微电影广告的创意，还是故事情节或是风格出发，泽塔·琼斯无疑都是最完美的人选。她高挑美丽，作为一位国际巨星，在各国人民心中都留下了深刻的印象。曾出演电影《偷天换日》中一位女盗贼的角色使她与本故事的融合度极高。被她视为"珍宝"的一头秀发让她成为洗发水代言人的不二人选。而她在生活上与道格拉斯多年的美满婚姻也始终被人们称道。所以不论是从人物形象、品牌契合度还是明星个人品质等各个方面来看，泽塔·琼斯都是力士这部《金纯魅惑》女主角的不二人选。正是因为人物的正确选择使得这部短片成为微电影广告的基石之作。

图8-4 《金纯魅惑》微电影广告

三、环境要素

　　一个契合品牌精神或能有效烘托气氛的环境是增强微电影广告感染力的一个重要方面。可将环境背景作为营销卖点突出。例如：凯迪拉克2011年推出的《66号公路——忠于自由》（图8-5）中，莫文蔚与男搭档开着凯迪拉克SRX驰骋在美国著名的66号公路

图8-5　《66号公路——忠于自由》微电影广告截图

上。这条横跨美国境内东西部，被美国人称作"梦想之路""开拓之路""母亲之路"的66号公路，从伊利诺伊州芝加哥一路横穿到加利福尼亚州洛杉矶圣塔莫妮卡。研究66号公路60多年的学者迈克尔·华利斯说："66号公路之于美利坚民族，好比一面明镜：它象征着伟大的美国人民一路走来的艰辛历程。"许多人把66号公路称为"美国大街"（the Main Street of America）。正如史坦贝克笔下的"母亲之路"，66号公路的确在美国公路开拓史上扮演着举足轻重的角色。自20世纪50年代，联邦政府大力兴建的现代化的州际公路（Interstate），基本上都是以66号公路为蓝本。此外，现今横贯美国的主要公路，如40号公路（I-40）、44号公路（I-44）、55号公路（I-55）等，也都是沿着当年66号的路线，所以66号公路被称为"母亲之路"，可以说是名副其实。人们将这条路视为自由、梦想、开拓、进取的精神的象征。由于66号公路所蕴含的奋发向上的力量，它吸引了很多导演的目光，无数次地出现在好莱坞经典影片之中。主人公在纵情徜徉和感受66号公路的人文风土之余，忠于内心的渴求，释放自己，最终实现自我价值。凯迪拉克微电影广告选择这样的环境进行拍摄，一方面呼应了凯迪拉克百年豪华汽车品牌的历史感；另一方面又充分表现出SRX活出本色、不羁于世的态度和勇于开拓梦想的品牌精神。

第三节　微电影广告的创意策略

一、品牌联想策略

　　微电影广告的创意要与其品牌的内涵巧妙地融合在一起，因此，在创意中要运用联想和想象的手法。一般来说，品牌联想主要分为三种形态，包括：属性联想、利益联想和态度联想。属性联想是最直接的品牌联想，即消费者可以从价格、外观包装、使用者、使用情景等属性当中来与品牌联系起来；利益联想即是这个产品、服务能不能满足消费者的生理和安全需求，能不能带来感官刺激，能不能得到别人的认可；态度联想是消费者对品牌的"不好"、"一般"、"好"、"很好"的整体评价。

　　例如，2013年雪佛兰科鲁兹掀背汽车公司拍摄了18分钟的青春微电影广告《摘星的你》。这部微电影广告把握了"人的记忆是有选择的"这个点，以短小精悍的故事将消费者带进过去的经历中，帮助消费者建构品牌联想。该片讲述的是两个青年的青春痛楚和追逐梦想的励志故事，用同一个演员演绎两个人。一个是家境优越、成绩优异、前途一片光明的富家子弟，他的一切似乎都是完美得让人羡慕的；一个是生活窘迫、考试落榜、倒霉十足的青年。在这则汽车微电影广告中将卓尔不凡的精神、追求梦想的精神与雪佛兰科鲁兹掀背品牌联想在一起，歌曲《夜空中最亮的星》、创业、天台、咖啡馆、雪佛兰科鲁兹掀背车与命运相连，成为了雪佛兰科鲁兹掀背品牌联想的元素。

二、创意整体性策略

随着时代的发展，越来越多的媒介技术给我们获取信息带来了新的体验，信息不再是单落点、单形态、单平台的，而是在多平台上进行多落点、多形态的传播，综合运用广播、报纸、电视和网络等进行触觉、视觉和听觉的全方位营销模式，使得受众通过更多的渠道获得广告信息。

例如：2014年百事公司的微电影广告《把乐带回家》就是运用了整体性策略。《把乐带回家》可以说是广告界的贺岁大片。百事公司选取在春节这个合家团聚的特殊时期上映微电影，并以"把乐带回家"为主题，推出了一系列活动。无论是在新媒体平台还是传统媒体平台，都可以看到以"把乐带回家"为名的公益营销活动。2014年春节临近之际，百事可乐重庆分公司配合"把乐带回家"这一大主题，推出了"乐在重庆，袋袋相传"的活动，在线上以"把乐带给贫困儿童"来营销乐事的产品，线下搭建"乐在重庆，袋袋相传"平台给消费者送欢乐，既促销了产品又在潜移默化中将百事的品牌理念传递出去，其成功的整合营销模式为业界提供了参考。通过与线下活动的结合，百事公司将《把乐带回家》这部微电影中倡导的理念变成一场社会活动。

例如：2011年"光棍节"杀出的"黑马"——影片《失恋33天》，五天票房突破1.6亿，光棍节当天票房更是超过4000万，这都得益于网络整合营销。早在上映的150天前，制作方就通过编辑都市年轻人的失恋经历——《失恋物语》来制造话题；随后又为网友准备了"失恋博物馆"，收集那些"失恋"的物品或回忆，最后，徐静蕾KAILA品牌又设计推出"猫小贱"玩偶，在淘宝网上售卖，并对"猫小贱"进行宣传预售。由此，《失恋33天》的网络整合营销大获成功。

例如：凯迪拉克的《66号公路——忠于自由》是采用这一传播策略的典范。它整合新旧媒体为微电影广告造势，在电视和网络媒体中播放预告片，在平面媒体上刊登海报和公关软文，在广播媒体上投放了12条莫文蔚亲自录制的录音，在终端展厅的显眼处做《66号公路——忠于自由》的主题布置。它的官方微博不仅发布了66篇公路笔记，背景图片也特意设置为66号公路的宣传海报以加深受众对于传播主题的印象。除此以外，凯迪拉克还拍摄了一部66号公路的纪录片，让中国的消费者对这条美国人心目中的开拓之路、自由之路有一个具体可感的理解。正是因为善于整合新旧媒体为微电影进行广告造势，凯迪拉克成为增长速度最快的豪华车品牌之一。

三、互动性策略

随着网络媒体时代手机、平板电脑、笔记本电脑等移动新媒体的盛行，受众可以通过数字技术在虚拟空间进行互动，广告人也可以通过新媒体与受众沟通，进而了解消费者的需求，在轻松愉快的交流中将产品或者品牌信息传播出去，使消费者在不知不觉中接受广告信息，从而彻底摆脱传统广告强制性的传播模式。

例如：卡萨帝推出的微电影《独家》（图8-6～图8-8）就是利用互动的模式为其旗下的六门冰箱进行营销推广。这部微电影采用的是好莱坞式的高效讲故事制作风格，观众不仅可以参与剧中人物的情节发展，甚至可以左右剧情。登录卡萨帝的官方网站，就可化身电影中的女主角，受众跟随剧中人物完成特殊任务的同时，卡萨帝也扮演了重要角色，如在剧情发展的关键时刻动用智慧从"直接用手清洗"和"用洗衣机洗"两个选项中做出自己的判断，将剧情推向截然不同的方向。另外，这部微电影，其开放式的结尾主题也是互动过程中的一部分。观众在影片结尾将化身为特邀记者，面对五种不同的结局做出选择，决定故事的最终走向。影片中出现了大量二维码，观众通过扫描暗藏的二维码进行商品体验。

8-6　微电影广告《独家》截图1

8-7 微电影广告《独家》截图2

8-8 微电影广告《独家》截图3

例如：益达《酸甜苦辣Ⅱ》大结局预告片于2012年10月10日投放之后，益达官方微博随即发起了结局大猜想的投票活动，并将微博逐渐由一个社交平台变成了一个信息共享平台；而三星的《I Know U》更是构思巧妙，它结合社会化媒体发起互动，开启了"社交电影"的概念，网民们可以根据自己的想法对影片进行全新的改编，加入自己的设计，这种高度的参与体验感激发了网友强烈的创作热情，满足了消费者参与互动的愿望，并借助消费者的人脉进行分享，使产品一举成名；保时捷投资拍摄的《私信门》更是令人叫绝，投资方请消费者主动寻找"穿帮镜头"，并依据找到了多少穿帮镜头给予消费者电子优惠券和相关的品牌商品体验奖励。由于故事本身没有结尾，观影者可以以投票或评论的方式来改变结局,作为追求新异的网民,这种传播策略极大调动了他们的参与热情;别克汽车的"微剧本大赛",通过关注别克官方微博,上传《向前的理由》微剧本,全程转发分享活动信息,并邀请三名跨界导演在提名的10部作品中各选择一部,进行润色及改编,拍摄片长为5分钟的微电影广告《向前的理由》;路虎揽胜在2011年7月推出的动漫微电影广告《极光之城》,采用实景与漫画交替演绎悬疑动作大片,讲述的是建筑托拉斯天启建筑集团突生变故,传奇创始人段丞在一次探险中神秘失踪,公司首席设计师秦傲与CEO陈锋矛盾激化,携手在汽车设计中克服重重挑战的故事,引起了都市新贵消费群体广泛的情感共鸣。此外,在土豆网开启了互动体验观影的模式,将观影与驾车结合在了一起,整个观影页面被设置成路虎揽胜极光的内部,从车内前排位置的视角景观设计视频播放窗口,把前挡风玻璃作为播放窗口,而方向盘、油门等则成为操控播出的选择键。这场观影让用户有了不一样的体验,充分发挥了产品植入和互动传播的优势,并且更有利于传播效果的发挥。

因此,互动微电影的互动性一般体现在两点:一是电影剧情和人物扮演的自主选择;二是电影与社交媒体的互动分享。在微时代的语境下,单向沟通的创意已越来越不能吸引消费者,未来的广告创意会大量运用到互动化的理念,加强网民与广告之间的互动,加强网民的自发式传播,这些都是微电影广告传播的创意方向。

四、融合性策略

传统影视广告的特点是无深度性和平面化,而微电影广告却能将品牌的核心诉求与广告进行深度的融合。从平凡的生活中挖掘出广告灵感,通过现实主义题材与广告符号元素的巧妙融合,对普通的生活进行思考和提升,起到以小见大,与受众建立品牌情感的作用。

例如:腾讯集团为其旗下的手机应用程序微信所做的广告——《最好的,一直都在》(图8-9),影片讲述的其实都是发生在父母和子女之间非常生活化的事情,影片中的手机微信是其中很重要的一个道具,子女们通过它和母亲进行情感互动。当今世界,通信工具越来越方便,情感沟通也越来越容易,我们与朋友、恋人随时随地地瞎侃、聊天,却忽略了与父母的及时沟通与交流,但无论你的通讯录多长,真正关怀你的,能在你受伤时为你提供庇护的,仍然是你平时不怎么联络的家人。《最好的,一直都在》微电影短片讲述一位母亲通过微信,向三位女儿传递爱的讯息,使在外受到事业、爱情、健康困扰的孩子,在母爱的感化下,终于暂时抛开了忧虑。

第八章 "微时代"语境下微电影广告创意解析 243

图8-9 微电影广告《最好的,一直都在》

第四节　微电影广告的创意趋势

一、注重广告故事与产品品牌的结合

在微电影广告中，可以充分地围绕着人的情感把爱情、友情、亲情的元素穿插在广告中，通过讲故事塑造品牌形象，加强受众对品牌的记忆，让消费者在故事体验中认知产品品牌。

案例1：益达微电影广告《酸甜苦辣》，由于广告的受众主要是年轻人，因此故事的主角选择的是偶像男星彭于晏和具有清纯气息的女星桂纶镁，整个广告以酸甜苦辣为故事的感情线索，描述一对年轻恋人的故事，并在这个过程中，让观众随着故事的主角体会人生的酸甜苦辣，配合他们精湛的演技，巧妙地融入了益达口香糖"关爱牙齿，更关心你"的品牌理念和品牌内涵。

案例2：德芙微电影《年年得福》。春节临近，外出打拼的游子在这个团圆的时刻终于回到了父母身边。在这个新年，德芙（Dove）巧克力带来了一个母女团聚、并用德芙巧克力表达爱意的温情故事。这支名为《年年得福》的广告作品通过回家、离别、拥抱及思念四个场景串起的故事线，将春节的意义体现在母亲和女儿通过书写"福"字，以及拿起德芙巧克力预祝"年年得福"的时刻。品牌借助微电影这一契机引起观众的共鸣，德芙品牌通过"德芙女孩"将家庭和春节的羁绊以一个"福"字串联起来，以此打造独特的巧克力春节贺福新形象。

二、注重社会责任感

在物质日益丰富的当今社会，受众从内心深处需要广告积极的精神引导。因此，在微电影的广告创意中，不仅要考虑品牌的经济效益，还要注重品牌的社会责任感。从产生的效果上我们可以看到，具有社会责任感的微电影广告，不仅对受众起到良好的精神导向，也为品牌增加了受众的信任感，并提升了产品的价值。

案例1：百事公司微电影广告《把乐带回家》，获得了很多受众的认同。随着中国的现代化和城镇化程度不断加深，越来越多的年轻人走出家门，奔向城市奋斗拼搏，年迈的父母忍受着"空巢"的孤独。"春节"作为中国人最重要的传统节日，本是全家人一年中唯一可以团聚的难得的一次时机，但是由于"春运"难题、工作繁忙、假期时间短暂，以及传统家庭观念的淡化等诸多原因，很多人都无法正常回家和父母团聚。百事公

司正是针对这些社会问题而制作了此广告。

"把乐带回家"是百事的春节传统活动,从2012年"你回家是父母最大的快乐"到2013年"有爱的地方就有家,有家就有快乐",将小家提升到大家,小爱升华为大爱;2014年"把乐带回家"倡导:家不以远近,乐无为大小,快乐是互相给予,人人皆可为"中国梦"贡献一份力量。如图8-10所示,广告片邀集了张国立、古天乐、周迅等偶像明星,采用了一种柔和的故事叙事方法,讲述了孩子与父亲(张国立饰)在快乐的引导下,最终在春节团圆的故事,符合中国传统的美德,并巧妙地推出百事的三种品牌:纯果乐、百事可乐和乐事,打造了长约九分钟的温馨新春贺岁片,用一个过年回家的故

图8-10 微电影广告《把乐带回家》

事，针对年轻人群体的亲情感性诉求，号召年轻人常回家看看父母。这部微电影中始终传递着"人间有真情，普天同乐"的观点，引发观众对亲情回归的呼吁，加大了品牌影响力。

案例2：著名导演陈可辛用手机拍摄的一个名为《三分钟》的微电影。这部微电影取材于一个真实的故事。故事的女主角是一位平凡的母亲，同时也是一位列车乘务员，她工作的这趟列车是从南宁到哈尔滨的全国运行里程最长的列车之一，一般要走6天。由于工作的关系，母亲春节要值班，这位妈妈连着好几年春节都是在列车上度过的。她也因此错过了和儿子一起过年的机会，过年时她只能将儿子托付给妹妹照顾。列车上都是返乡人，脸上洋溢着要回家的喜悦。而值班室内，妈妈在笔记本上写着想告诉孩子的话。列车临近靠站了，从妈妈的一举一动上，就能看出她的激动和紧张。当她隔着窗户看到儿子的时候，忍不住激动地拍打窗户叫了起来。当列车进站停稳，画面开始进入了三分钟的倒计时。火车停稳以后，她打开了车厢门，引导旅客有秩序地上下车，并焦急地往儿子的方向张望，他们只有3分钟的见面时间……另一边，小男孩在人群中吃力地行走，哪怕是好不容易四目相对了，哪怕是孩子已经近在咫尺了，妈妈也不能立刻给他一个拥抱。终于，她们总算有独处时间了，这时还剩1分钟45秒。一个拥抱之后，两人陷入了一阵沉默。可能有好多好多想说的话，可是在这短短的1分多钟，又不知从何说起。儿子并没有泛着泪花说想念，接着他做了一件让所有人都意外的事——他在妈妈面前背起了乘法口诀："一一得一，一二得二，一三得三……"哪怕妈妈让他珍惜时间别念了，孩子还是坚持要念完。"儿子明年就要上小学，我上回吓唬他，如果还是记不住乘法表，就不能上小学，更见不到妈妈了。"这部微电影广告没有吸引眼球的酷炫特效，没有明星代言，甚至连产品镜头都没有，但传递出了足以引起共鸣的情感。苹果公司通过这个广告向观众传达了它的科技理想与人文情怀，体现出其贴近生活、贴近消费者的品牌理念。

三、注重故事的真实性

在微电影广告中真人、真事、真实的情感都能引发受众的好感，增加产品广告的说服力。受众在被感动的同时加强了对产品品牌的印象，这样有利于建立良好的品牌形象。

案例1：奥美公司为台湾的大众银行推出了《勇敢的母亲》微电影广告片，该广告是关于母亲对孩子无条件的爱，是由一个真实故事改编的。广告表现了母亲为远在委内瑞拉刚生育的女儿送鸡汤的故事。这位母亲在此之前从未坐过飞机，而这一路却要经过几次转机。她不懂英文，没出过远门，一路经历了很多的困难，为女儿付出了无私的爱，在微电影广告的最后推出大众银行，突出广告主题。这则微电影广告的播出，让很多人潸然泪下，这种真实的情感表现和受众的情感产生了强烈的共鸣，并引发了受众对家人的关注。由于广告中的移情作用，受众把对于母亲的情感潜移默化地转移到品牌上，成功塑造了大众银行的品牌形象。

案例2：金士顿（Kingston）的品牌微电影广告《记忆月台》由台湾灵智广告策划制作，其中产品只出现不到两秒，却将金士顿的品牌价值深深地烙刻在观众心中。如片中的文案所述："记忆是趟旅程，我们同时间一起上了列车，却在不同时间下车。然而，记忆不曾下车。A Memory to Remember——记忆，永远都在。"这部真挚动人的广告《记忆月台》其实是改编自英国BBC报道的地铁遗孀请愿新闻。Margaret McCollum与演员丈夫Oswald Laurence在这个地铁站相遇，"Mind the gap"（小心月台间隙）是他对她说的第一句话。后来两人恋爱、交往、结婚生子，牵手走过40个年头。Oswald Laurence录制的"Mind the gap"从20世纪50年代后就开始在伦敦地铁北线播放，2007年Oswald因心血管疾病过世。"我知道就算他走了，只要我想他，我随时可以走去听他的声音。"Margaret说。但是新的PA数位系统装设后，Oswald的声音便消失了。当伦敦交通局接到通报，听到了这则故事，深受感动的交通局决定在堤岸站换回Oswald版本的"Mind the gap"。BBC将这个故事报道出来，让Oswald的声音继续留在人间，影片中听得到Oswald录制的"Mind the gap"。伦敦交通局也录了一张光盘让Margaret McCollum收藏，而在广告中光盘则变成了金士顿U盘。

整个广告片没有采用"开端—发展—高潮—结局"的常用故事手法，而是简洁叙事，用情节感染观众，运用一定的拍摄手法和技巧实现了金士顿品牌形象的树立和理念的推广。

四、注重受众的细分化

受众的细分有利于品牌诉求，投其所好，精准投放。在市场上，有些微电影广告的成功很大程度上也得益于对受众的细分，寻求出与品牌的共同利益点，提出品牌诉求。

案例：桔子水晶酒店推出的《十二星座男》系列微电影，利用星座、男人的爱情故事等话题，让该视频传播超过1亿次，微博转发累计超过1000万次，酒店广告抓住了人们的眼球，取得了意想不到的效果。短片里面的每个故事都在桔子水晶酒店展开，通过爱情故事展现了酒店自身现代化浪漫主题设计。将目标群体的兴趣点与品牌结合，能够吸引受众的注意力。相信每一个看桔子水晶酒店星座系列微电影的人，都能发现每部微电影一开始都是以桔子为开场镜头的，与桔子水晶酒店中的"桔子"相对应。并通过不同的故事展示了客房的设施，包括浴缸放在落地窗前、高科技音响、华丽的大堂及优质的服务。影片在潜移默化中将企业元素传递给受众。而桔子水晶酒店的消费者大多为一些时尚、优雅而又有些离经叛道的年轻人，他们的理念与桔子酒店本身的企业元素就很吻合。

第五节　微电影广告的创意解析

一、苹果微电影广告《老唱片》创意分析

苹果品牌推出的微电影广告《老唱片》（图8-11）是苹果公司2014年在圣诞节推出

图8-11　微电影广告《老唱片》

的《The Song》的中国版,讲的是一个孙女用自己手中的苹果软件将奶奶年轻时的记忆呈现出来的温情故事。这部微电影广告为我们营造了一个生活在弄堂老房子里的祖孙两人的生活场景,导演通过细腻、朴素的镜头将故事向我们娓娓道来,弄堂、老房子、水仙花、新春大扫除、周璇的歌曲等中国元素的运用给这个故事增添了浓厚的中国气息。

故事的开端是女孩骑着自行车穿过弄堂回到家中,放下买来的水仙花,进行大扫除时无意间发现奶奶年轻时录制的黑胶唱片。女孩被美妙的歌声吸引,于是开始用苹果软件将歌曲翻录,最后放入Ipad mini中,奶奶点开听到自己年轻时歌唱的曲子,很是惊喜感动,轻抚孙女的脸,祖孙俩一起听着歌曲。整个影片的叙事结构呈线性结构。在影片中,从女孩发现奶奶的试音唱片到偷偷地翻录制作最后呈现给奶奶,奶奶既惊喜又感动,整个故事情节按照时间推动,因果关系明确,情节紧凑,清晰易懂,使受众在观看的时候容易进入故事。在广告中苹果的产品出现过几次,如最后出现的iPad mini、女孩制作翻录黑胶唱片时使用的苹果笔记本电脑,但在整个故事的叙事上苹果的产品只是故事情节的附属品,片中始终以人物为显性拍摄对象,片中的女孩并非明星,整个广告的主角却是她而并非苹果产品,苹果产品隐性地存在于故事中,完全与故事融合,倘若没有最后苹果标识这个"尾题"出现,受众甚至会以为这个是在春节期间播放的温情公益广告。这部微电影广告故事的独立客观性弱化了隐藏在广告中产品的诉求倾向,不会引起受众的反感,营造出的叙事话语也更容易被受众所理解。而最终让受众记住并产生购买欲望的正是那些与他们的生活情境高度吻合的微电影故事。

二、百事微电影广告《把乐带回家》创意分析

百事可乐自2012年起,连续6年推出《把乐带回家》系列微电影。例如,2012年《爱的传递》通过"爸爸"张国立期盼孩子过年的情景,传递父母子女团聚之情;2013年《把乐带回家》不仅谈友情、爱情,甚至还有陌生人之间在患难之时深深的信任;2016年《猴王世家》利用《西游记》重回经典,引起受众强烈的情感共鸣;2017年《把乐带回家》邀请了《家有儿女》原班人马,让迈入人生新阶段的孩子们12年后再次团圆相聚。百事公司连续6年用微电影广告讲述感人故事,每年的主题自始至终都是围绕一个"乐"字。同时,百事在微博上做了一个"微博回家季——把乐带回家"的留言活动,并设置有"百事支持你,实现回家心愿"的4500元回家心愿基金。观众通过两种方式参与活动,第一种是制作回家心愿贺卡,第二种是直接以音频、视频和文字的方式录入回家心愿。通过留言活动增强受众的参与性和互动性,增加微博下面的点击量和评论量,并邀请当红明星代言,利用明星打造品牌形象。百事就是这样利用各种情感诉求的表

达，提升品牌影响力，表现出一个企业的社会责任感，让情感诉求的表达方式成为一个精彩亮点（图8-12）。

图8-12　百事2014年微电影广告《把乐带回家》

三、康师傅微电影广告《辣味英雄传》创意分析

　　康师傅在2015年微电影广告系列的爱情公寓番外篇之《辣味英雄传》中，产品有康师傅当下热销的香辣牛肉面、老坛爆椒牛肉面和泡椒牛肉面三款。这则微电影广告一经推出，就引起了网友的极大兴趣，众多网友更是纷纷表示看得不过瘾，希望能继续推出

其他系列方便面的微电影广告（图8-13）。

《辣味英雄传》的微电影广告主要是通过两个方面来进行广告的切入。第一是把康师傅方便面的品牌理念植入到故事剧情中，从一开始需要"够辣"的英雄故事，顺利引出康师傅三款辣味方便面，从三个故事的讲述中，也完美地诠释了康师傅代表青春、阳光的品牌理念。第二是把产品信息作为剧中道具进行植入。在《温酒斩华雄》片段中，关羽因为吃了香辣牛肉面而重获动力，一举斩了华雄，并且在斩完之后泡面还是热的，让大家以后在想到温酒斩华雄的时候，也会不经意想到"热面斩华雄"的搞笑情节；在《睡美人》片段中，公主因为吃了老坛泡椒牛肉面而重新苏醒；在《空城计》片段中，书童因为一桶爆椒牛肉面而退司马懿百万雄兵，产品信息在剧中都得到了详细的介绍，广告植入流畅自然，不会给广告的受众带来反感。广告中充满了大量的时尚元素，很容易引起广告受众的共鸣，提高广告的转发率和点击率。

图8-13　康师傅微电影广告《辣味英雄传》

四、金士顿微电影广告《记忆的红气球》创意分析

《记忆的红气球》微电影广告的整个片长为9分29秒。故事情节相对简单,主题呈现直接。它讲述了一个感人的故事:小男孩的妈妈去世,但小男孩无法理解也无法接受,打911电话求助警察。老警察经过思考后,为小男孩给出了解决方案,即写明信片并用放飞红气球的方式寄送出去。这其中经历了短暂的"争论"部分,小男孩对警察既心存疑虑,又寄托希望,最终决定按照警察给出的方法去做。可是,小男孩因迟迟收不到回信,认为警察和他爸爸、哥哥一样欺骗了他。他从一开始怀抱希望到再一次失望的情绪还是很好地渲染了出来。为了将主人公从"灵魂黑夜"中解救出来,故事第三幕衔接点到来,此时约为整个片长进行到65%的进度。结尾部分,较故事中几个转折情节,时长稍长一些,更加符合本故事的抒情基调。《记忆的红气球》这支微电影作品以亲情+记忆为主旨。故事中的争论、冲突部分,灵魂黑夜部分,都是点到即止,并没有做过多的渲染;但在两位主人公共同为解决问题(小男孩为了和妈妈通信,老警察为了帮小男孩走出阴影)而做出的努力部分,节奏都更为舒缓,所用时长略长,更有利于本故事主题的表现(图8-14)。

图8-14 金士顿微电影广告《记忆的红气球》

五、《农村淘宝——大脚篇》创意分析

《农村淘宝——大脚篇》这一微电影广告的整体时长很短,总共只有两分多钟。在叙事节拍上也借鉴了音乐元素,背景音乐节奏十分鲜明。通过两个农村妇女略带戏谑的讲述,用较短的时间交代故事主题。在两分多钟的短片里,特意用了不算短的时长,渲染了争论部分,表现大脚老大爷内心的烦恼。

由于本片的广告传播目的比较直接,因此,品牌、广告语的露出也占据不少时长。在这支短片中,以随时出现的村民旁观、嬉笑来贯穿,组成了片子不可或缺的一部分(图8-15)。

图8-15 《农村淘宝——大脚篇》微电影广告

六、士力架微电影广告创意分析

士力架作为一款新的巧克力品牌，其微电影广告片一经推出就备受关注，广告片的风格与众不同，这得益于它与众不同的创意策略。广告主题只有一个即"横扫饥饿"。士力架微电影广告片，用人物对比形成一层笑料，风吹就倒的林黛玉、韩剧苦情女、懒惰的猪八戒、暴躁的包租婆，与这些形成对比的都是年轻有活力的大学生。唐僧与赛龙舟的壮汉的对比，憨豆先生与中国大侠的对比，华妃与年轻人的对比，两种不同风格、不同画面的人物出现在同一个画面里，本身就会带来特别的笑料。这些共同体现出了一个明确的广告主题"横扫饥饿"。图8-16为士力架广告中的"韩剧苦情女"篇截图。

图8-16 士力架微电影广告

首先，是士力架推出宿舍四人篇中的《韩女篇》，广告内容讲述了一群年轻人去爬山，爬到了半山腰上，一位虚弱无力的女生趴在一位男生身上，说着韩文，想让身下的男生背着她到山顶上去。刚好另外一位男生说给你一根士力架吧，而那位韩女吃过士力架后立马就变成了一位精力充沛的小伙子。同时期的还有《猪八戒篇》《包租婆篇》，都是以一种关爱受众的方式，来表达产品的卖点。最后是《华妃篇》，故事讲述了运动过后，一群年轻人准备换掉衣服，最亮眼的就是其中坐着的一位贵妃式的人物，在贵妃吃过士力架之后，她就变成了一位小伙。总结起来，士力架广告都是在表达一个诉求：你累了、变虚弱，吃了士力架就能恢复自己。在这一系列的广告片中，故事内容基本上发生在人们的日常生活中，拉近了与受众的距离。喜剧风格的电影一直以来都受到人们的偏爱，无厘头式的搞笑风格与传统的搞笑方式不同，有独特的新意。在都市生活的人们，处于较大的压力之中，不喜欢讲理劝说的故事情节，偏爱轻松、搞笑的内容，在工作之余和休息时间内，能够放松心神、缓解压力的，唯搞笑片当先。

七、伊莎贝尔西饼《结婚，其实还不错》微电影广告创意分析

《结婚，其实还不错》是伊莎贝尔推出的一个结婚系列微电影广告，其主要由三大篇章构成，即《店员篇》《房东篇》《老板篇》，它以三个不同的女生为主角，分别讲述了她们在面对家居店店员的轻视、房东的刁难以及老板的无理呵斥时，因为得到男友求婚而采取的一系列出人意料的举动，看后令人拍手称快，引起共鸣，从而触动年轻男女结婚的念头，促使结婚率上升，带动喜饼销售的增长，也使人将伊莎贝尔这个品牌深植于心（图8-17）。

图8-17 伊莎贝尔西饼《结婚，其实还不错》微电影广告

1. 结合现实，引发共鸣

《结婚，其实还不错》系列广告，从当代年轻人所普遍面临的社会地位、住房、工作压力等问题入手，将现实生活中的困惑或写实或扩大化地展现在荧屏上，使处于同等状态下的年轻人感同身受，从而引发了深刻共鸣。广告加入了与产品主题相关的爱的情感，用爱来缓解生活中的困顿，则更使人心动。

2. 树立形象，符合定位

伊莎贝尔的英文"ISABELLE"是自由女神之意，代表新潮流、新时尚、梦想、独立、浪漫纯美和自由，对于新人而言，又寓意着新的人生旅程的开始，这和广告中所传达的思想与理念是一致的，可以说该系列广告对其品牌形象的树立和定位有着很好的诠释与强化。三个篇章的情节，女主角起初均和大部分的年轻女性一样，面临着生活中的各种困扰，然而因为婚姻的到来，她们的人生发生了极大的改变，获得了一种精神上的解放，开启了一段新的人生旅程，从此她们不用再忍气吞声、不用再看房东的脸色、不用再做不喜欢的工作，只因为她们有了婚姻，这就是伊莎贝尔品牌所传达的自由与新生，这种由伊莎贝尔所带来的触手可及的幸福，无疑使其品牌更具亲和力，为其建立了良好的口碑。

3. 切入点独特，问题解决根本化

随着生活压力的增加，人们观念的改变，越来越多的适婚男女加入到了晚婚或者独身的行列中去，这直接导致了结婚率的下降，从而冲击到婚庆行业的发展，喜饼的销量也随之下降。面对这种情况，伊莎贝尔选择独特的切入点，从问题根本入手，将年轻男女的结婚欲望用广告引出，这无疑是该系列广告的一大亮点所在。伊莎贝尔的此系列广告与以往传统意义上的宣传广告所不同的是广告中并没有刻意宣传其产品的优质性，也不同于其他的微电影广告，大打煽情牌，而是以爱的名义将年轻人从生活的烦闷中拯救出来，从最深层激发人们结婚的欲望。该广告独特的切入点，使得其在众多的同类品牌宣传中脱颖而出，从而博得人们广泛的关注。

4. 内容深刻，引发话题

从2009年的《十二星座》系列广告到2011年的《结婚，其实还不错》系列广告，伊莎贝尔都为我们创造着不同的话题。一个广告如果仅仅是将产品的功能或者品牌的理念诉诸受众者，那么它也仅仅只能是一则宣传广告，并不能引起人们的思考和讨论，是暂时性的宣传。伊莎贝尔的系列广告则为我们提供了一个可探讨的话题，从而达到了一种持久宣传的效果。从《结婚，其实还不错》系列广告中，受众会产生这样一种思考：也许结婚，真的还不错。于是，引发了一场关于结婚与否的观念大讨论，也许结婚并不是一种压力的增加，它或许反而是一种负担的共同分担，是一种全新的幸福生活的开始，一段不一样的人生旅途。一则广告，拥有宣传效力的同时，还能包含一些深度的思考，这样的创意才能更持久、更具生命力，其宣传范围和影响力无疑也会更广更大。

5. 系列播放，潜移默化

一个广告宣传若想做到深入人心，不仅要在创意上有所突破，在宣传数量上也要有所积累，然而单纯地将同一广告多次运用，受众会产生一定的审美疲劳感，伊莎贝尔的

《结婚，其实还不错》系列广告片，共分三个篇章，即《店员篇》、《房东篇》、《老板篇》，用不同的表现形式和不同的题材表现同一主题，使之所要宣传的理念传达得更为系统化，在重复宣传的同时又消除了单调感，从而使受众更易接受，在潜移默化中完成了对品牌的认可，品牌的形象也在这多次宣传中得以树立。

6. 演员大众化，贴合生活

真实化的情景使得该系列广告引起了受众的广泛共鸣，演员大众化使得该广告脱去了明星效应，同时也使其更平民化，这对于此品牌的宣传是有益的，是符合其定位的。受众有了幻想的可能，才能够在现实中为之思考，从而使得该品牌达到其宣传的最终目的。

7. 叙述丢包袱，引发悬念

悬念引发观者的兴趣与注意力，激发其深刻的探求欲望，从而将其目光牢牢吸引，同时答案在抛出之时，又能够对上文有一个合理的解释，广告的创意也可借鉴。《结婚，其实还不错》系列广告就是运用了丢包袱的手法，将答案在最后一刻揭晓。为什么女孩儿能够那么潇洒地对店员加以反击？为什么女孩儿能够毫无顾忌地不再忍受房东的刁难？为什么女孩儿能够满不在乎地离开毫无道理的老板？三则广告都在末尾告诉了我们，因为婚姻。这种叙述手法使得观者在最后一刻才恍然大悟，对于之前那些大胆的行为，他们感到吃惊，他们想一探究竟，为什么片中的人物可以如此随性自由？原来是因为婚姻，原来这种随性与自由自己也可以拥有，并不困难。这更加深了受众对于婚姻的渴望感，从而使得广告的宣传效力在不知不觉中大大加强。

8. 配乐一致，听觉再宣传

《结婚，其实还不错》系列广告在配乐上也有可圈可点之处。在三篇广告的高潮部分，均能够听到同一旋律的配乐响起，这不仅仅在情绪上起到了一定的渲染作用，同时也是一种品牌的再宣传。长此以往，每当听到该音乐响起，人们便能够想到与之对应的品牌。伊莎贝尔的广告配乐可以说是一种品牌的再宣传，是一种听觉上的品牌定位，在画面宣传的同时使受众在听觉上也产生一种品牌记忆。

参考文献

[1]陈旻琚.手机摄影广告《奶奶的日常》创作报告[D].南宁：广西大学，2016.

[2]蔡建军，陈鑫.论微电影广告的情感诉求与表现——以百事可乐《把乐带回家之猴王世家》为例[J].美与时代(上)，2016(05)：107-109.

[3]彭雅兰.传播学视角下的微电影广告叙事研究[D].西安：西北大学，2016.

[4]丁祥青.基于"微"传播的影视广告创意设计研究[J].牡丹江大学学报，2016，25(01)：28-30，37.

[5]郭少丹.奥斯卡获奖短片《美味盛宴》分镜头设计解析[J].艺术科技，2015，28(10)：1，34.

[6]孙莹.微电影广告创意方法的美学意蕴探析[J].西部广播电视，2015(19)：118，128.

[7]杨波.微电影广告的创意方式及传播策略研究[D].长春：东北师范大学，2015.

[8]杨思杰.微电影广告创意趋势研究[J].普洱学院学报，2015，31(02)：33-36.

[9]郭娟，胡晓峰.微电影广告中的品牌传播策略分析[J].东南传播，2015(04)：131-133.

[10]杜洋.新媒体环境下微电影广告的创意要素研究[D].兰州：兰州大学，2014.

[11]高江龙.微电影创意性研究[D].大连：辽宁师范大学，2014.

[12]王二盟，秦岁明."微"时代语境下的微电影广告发展趋向性研究[J].现代装饰(理论)，2014(01)：237-238.

[13]姚睿娟.影视广告设计中的色彩运用之探析[J].大舞台，2013(09)：95-96.

[14]张秋霞.镜头组接的规律和技巧[J].大众文艺，2013(11)：211.

[15]李琼.微电影广告策略研究[D].南京：南京师范大学，2013.

[16]汲婷婷，段劼.色彩情感规律在影视广告中应用的研究[J].剑南文学(下半月)，2012(12)：207.

[17]朱钦文.浅析镜头组接的基本方法[J].科教文汇(上旬刊),2012(08):164,168.

[18]刘明国,余雁.理性和感性思维在影视广告色彩设计中的运用[J].大众文艺,2012(05):72.

[19]钱洁.基于"微时代"语境下的现代广告研究[D].南京:南京师范大学,2012.

[20]张晓宇.谈文案写作中的广告创意设计[J].现代装饰(理论),2011(12):16.

[21]朱欣爱,黄丹.论色彩在影视广告中的运用——以饮料类广告为例[J].科技经济市场,2011(09):97-98.

[22]崔晓敏.影视广告中的色彩语言[J].声屏世界,2011(03):56-57.

[23]邵辉.视频影像制作中的镜头组接[J].数字与缩微影像,2010(04):47-48.

[24]阎勇舟.简论影视广告色彩设计[J].电影评介,2009(19):74,81.

[25]邹买梅.媒介融合背景下广告策划创新研究[D].长沙:湖南大学,2009.

[26]赵丽.论现代广告创意中的情感诉求[D].西安:西安美术学院,2007.

[27]周效章,陈永光.镜头组接的原则和方法[J].中国有线电视,2005(14):1414-1416.